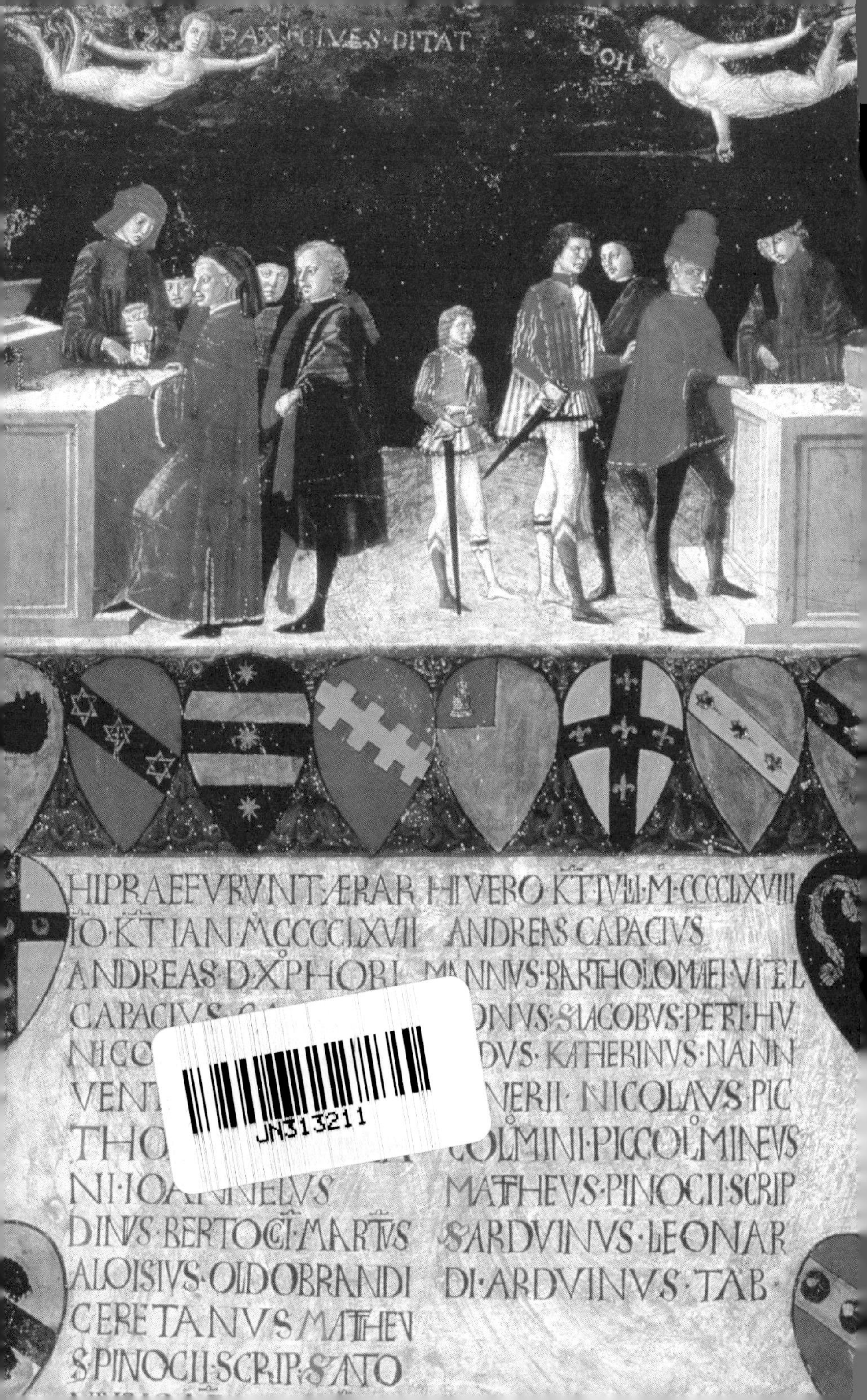
PAX CIVES·DITAT
HIPRAEFVERVNT·ÆRAR
IO·KL·IAN·MCCCCLXVII
ANDREAS·D·XPHORI
CAPACIVS
NICO
VENT
THO
NI·IOANNELVS
DINVS·BERTOCCI·MARTVS
ALOISIVS·OLDOBRANDI
CERETANVS·MATHEV
S·PINOCII·SCRIP·SATO
HI·VERO·KL·IVLII·M·CCCCLXVIII
ANDREAS CAPACIVS
MANNVS·BARTHOLOMAEI·VITEL
ONVS·IACOBVS·PETRI·HV
OVS·KATHERINVS·NANNI
NERII·NICOLAVS·PIC
COLMINI·PICCOLMINEVS
MATHEVS·PINOCII·SCRIP
SARDVINVS·LEONAR
DI·ARDVINVS·TAB

監修者――佐藤次高／木村靖二／岸本美緒

［カバー表写真］
「勘定計算と報酬の支払い」
（14世紀ジェノヴァ刊の写本装飾より，大英図書館蔵）

［カバー裏写真］
「中世ボローニャの織物市場と仕立て屋」
（15世紀前半，ボローニャ市立中世博物館蔵）

［扉写真］
「戦時と平和時のコムーネの財政」
（ベンヴェヌート・ディ・ジョヴァンニ作，1468年，国立シエナ古文書館蔵）

世界史リブレット106

イタリアの中世都市

Kamenaga Yoko

亀長洋子

目次

中世イタリア都市の魅力

中世イタリア都市の魅力とはなにか。こうたずねられたら、多くの人の脳裏に浮かぶのは、ルネサンスの豪華な建築が並ぶ町並みや、そのなかにかざられた絵画・彫刻であろう。「中世のイタリア」はイタリア・ルネサンスのイメージで語られがちである。

ではルネサンスのイタリアと中世のイタリアは異なるものなのだろうか。ルネサンスという時代は、ブルクハルト▲の見解に代表されるように、かつては中世とは別の時代と意識され、「暗黒の中世」にたいして人間性の解放が見られた華々しい時代と位置づけられていた。しかしながら、その分野での技術革新が見られた美術・建築、俗語文学▲の登場や古典文学の復興が見られた文学など

▼**ヤーコプ・ブルクハルト**（一八一八〜九七）　スイスの歴史家、文化史家、文明史家。『イタリア・ルネサンスの文化』『ギリシア文化史』ほか多数の著作がある。

▼**俗語文学**　ラテン語でなく、それぞれの地元で使用される言葉である俗語によって書かれた文学。

の分野での見方は別として、歴史学者は、ルネサンスといわれてきた時代の多くを中世後期として理解している。そこには、古くから「中世」と分類されてきた時代との連続性がはっきりと見られるからである。

ルネサンス期も含めた中世の中北部のイタリアを語るさい、その主役が演じる舞台となるのは都市である。そこで展開した個々の市民の生きた歴史、なかでも、イタリア人の創意工夫の歴史は非常に魅力的である。

イタリア・ルネサンスが芸術・技術の革新をもたらした背景には中世イタリア人の創意工夫を好む精神があり、イタリア人の活動システムがある。それは芸術面にとどまらず、社会生活全般にかかわる諸制度にも見られる。

中世「イタリア発」の制度や仕組みは実におもしろい。そこには、つたなく、矛盾と欺瞞に満ちてはいるが、自由や平等を尊ぶ姿勢を見ることができる。そして、ときにそうした姿勢はイタリア都市民にとって足枷になりかねないものではあるが、彼らはそうした自由・平等の精神にもとづく制度を放棄せず、そのぬけ道を探しての行動にでる。

中世キリスト教社会のなかで生きる市民としての彼らの姿も、こうした原則とぬけ道のなかに見出せる。中世のイタリア都市民の魅力は、利息禁止の原則▲など行動上の制約になりかねない中世カトリック的な精神を享受しつつも、ときにその盲点をかいくぐり、その精神と妥協をしつつ、実用の人として宗教的活動も含め、もろもろの行動を達成したことにある。その行動は、カトリック世界の理念形成にすら影響を与えてきている。都市民は、都市の制度にキリスト教文化を取り入れて利用しながら、都市民にふさわしいキリスト教社会をつくりあげていったのである。兄弟団▲のような平信徒が立ち上げる信仰団体が中世イタリアで活況を呈したのも、彼らのエネルギーのあらわれであろう。

一方でまた彼らは、イタリア半島にとどまらず、広い世界にでて行こうという気概にあふれた人びとでもある。そして、商業や航海術など、遠い世界で活躍するための制度やシステムをも彼らは持ち前の創意工夫の精神で、頻繁に用いる。異文化接触の機会が多い彼らはまちがいなく、中世の情報化社会の最先端にいた人びとであった。

輝かしいルネサンスの芸術運動も、こうしたエネルギッシュな実用人たる中世イタリア人のあり方のなかから生み出されたものであり、素晴らしい芸術作

▼**利息禁止の原則**　聖書の文言を根拠とする。キリスト教徒はこれに抵触しない商業技術を考案した。現実を受け、これをゆるやかに解釈する神学者もいる。

▼**兄弟団**　共通の守護聖人を掲げ善行を実践する平信徒の宗教組織。

品も、彼らにとっては実用的な日常生活のなかの一コマとして形成され存在するものであった。このように、さまざまな場面で、ぬけめなさ、したたかさをかね備えた現実主義者の中世イタリア都市民がもたらした制度やシステムは、人間味にあふれている。本書では、彼らがかかわった制度やシステムをとおしての中世イタリア都市と都市民の生きる姿を紹介する。ボッカチオ▲の小話にあらわれるような笑いと活力にあふれる姿を、彼らのかかわった諸制度をとおしてのぞいてみよう。

▼**ジョヴァンニ・ボッカチオ**（一三一三～七五）　文学者。代表作『デカメロン』。

①—コムーネの登場

コムーネの誕生

イタリア中北部の都市が、コムーネ▲と総称される自治的性格をおび出すのは、早いところで十一世紀ころといえる。イタリア中世都市の誕生については、ローマ時代の共同体からの発展▲が見られる場合がある。また中世に自然発生的に形成された都市▲も存在する。さらに、有力コムーネが、軍事的目的などにより、その支配領域内に新設した計画都市も存在する。ここでは、主として政治史的な展開から、このころ形成された都市の誕生物語をいくつか紹介しよう。

フィレンツェの成り立ち

フィレンツェは、コムーネの前史として、古代の状況が比較的判明する都市である。紀元前七世紀にはエトルリア人がフィエーゾレの丘陵地に定住したとされ、紀元前二世紀にはその地にローマのムニキピウムが建設された。紀元一世紀なかごろには退役兵たちのための植民耕地としてカストルムがつくられた。

▼コムーネ　コムーネという語は英語のコミューンと同じ語源をもつ。この語じたいは都市共同体に限定されるものではなく、農村のコムーネも数多く存在する。

▼ローマ時代からの都市　フィレンツェ、ピサなど。

▼自然発生的な都市　シエナは別だがその多くは中小規模であった。

ローマ時代のフィレンツェ

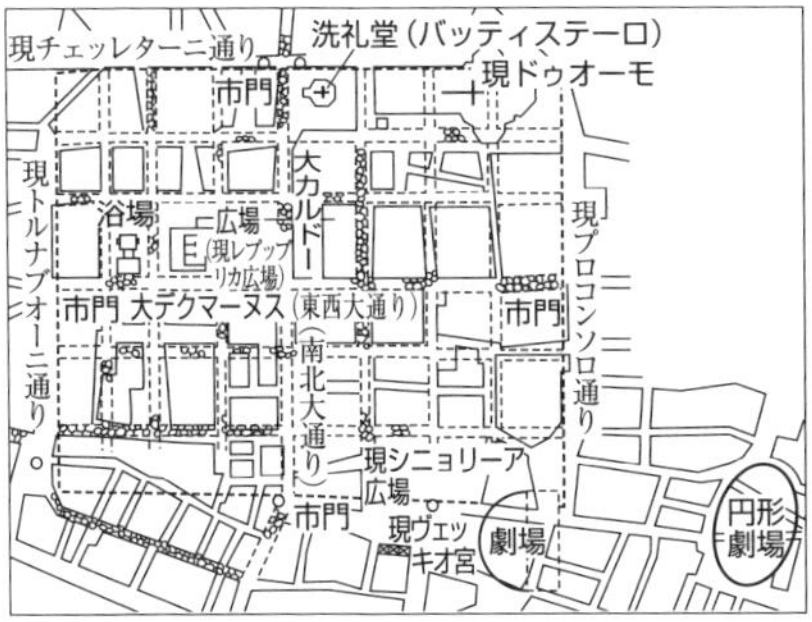

これは東西五〇〇メートル、南北四〇〇メートルの長方形とされ、そのなかには浴場、フォーラム、円形劇場といった建築物が存在した。五世紀にゴート人が撃退されたのち、六世紀にはビザンツ支配をへてランゴバルド人の支配にはいる。当時のフィレンツェはまだ有力とはいえず、トスカナの政治的中心であったルッカや港湾都市ピサに比べてめだつ存在ではなかった。カロリング期にはいると、九世紀半ば以降フィレンツェはフィエーゾレを含む伯領の首都となる。その後フィレンツェ司教はフィエーゾレ司教よりも高い権限を獲得し、この周辺での勢力の上昇がうかがえる。十世紀にはいると周辺の伯領のなかで最有力の地位を獲得した。十一世紀には、この地の支配をねらう皇帝ハインリヒ四世▲に対抗し、トスカナ女伯マティルデ▲や教皇グレゴリウス七世▲と手を結び、各種特権を獲得しながら、副伯や司教といった勢力から独立した存在になることをめざしていく。一一一五年、女伯マティルデの死去にともない、フィレンツェは自由なコムーネとして宣言▲をし、コムーネとしてのスタートを切った。

　フィレンツェは古代の空間を基盤とし、初期中世の権力機構のなかで地方行政の首都としての発展を見て、皇帝と教皇と封建的勢力とのあいだの抗争にお

▼ハインリヒ四世（一〇五〇～一一〇六）　ザリエル朝第三代のドイツ国王（在位一〇五六～一一〇五）、神聖ローマ皇帝（在位一〇八四～一一〇五）。教皇グレゴリウス七世とのあいだの叙任権闘争を展開。一〇七七年にハインリヒ四世がカノッサに赴いて教皇に破門の解除を請うたカノッサの屈辱事件で知られる。

▼トスカナ女伯マティルデ（一〇四六～一一一五）　叙任権闘争における教皇側の有力者。その死去によりトスカナ辺境伯は消滅した。

▼グレゴリウス七世（一〇二〇頃～八五）　ローマ教皇（在位一〇七三～八五）。聖職売買、司祭の結婚禁止を中心とする教会改革を強力に推進した。俗人による聖職叙任も聖職売買とみなし、これを禁止したため、皇帝とのあいだに叙任権闘争が勃発した。

▼自由なコムーネとしての宣言　女伯マティルデは自らの死後これをおこなうことをフィレンツェに許可していた。

●中世のイタリア都市

●現在のイタリアの州

1 ヴァッレ・ダオスタ州
2 ピエモンテ州
3 リグーリア州
4 ロンバルディア州
5 トレンティーノ・アルト・アディジェ州
6 ヴェネト州
7 フリウリ・ヴェネツィア・ジュリア州
8 エミリア・ロマーニャ州
9 トスカナ州
10 ウンブリア州
11 マルケ州
12 ラツィオ州
13 アブルッツォ州
14 モリーゼ州
15 カンパーニャ州
16 プーリア州
17 バジリカータ州
18 カラブリア州
19 シチリア州
20 サルデーニャ州

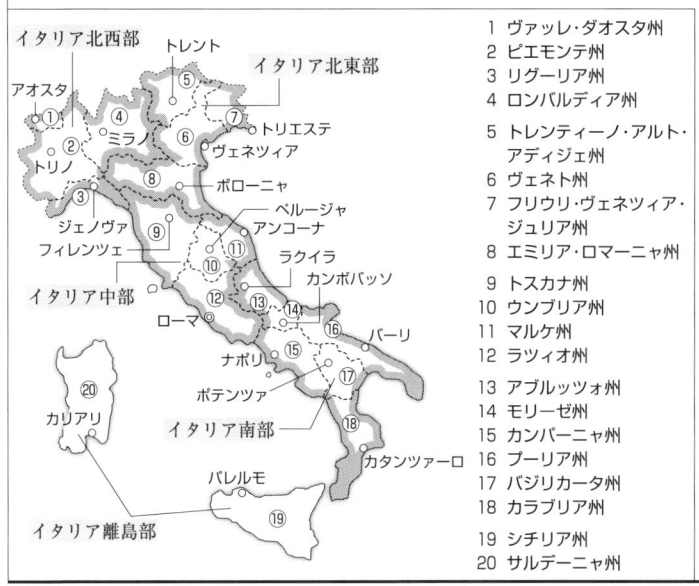

けるかけひきのなかで、その存在感を高めていった都市の事例といえる。

ヴェネツィアの成り立ち

ヴェネツィアも、アウグストゥス▲が創設した行政管区、ディオクレティアヌス帝▲が設置した州制度のなかにその名が見られるなど、ローマ時代からその地名が確認される町である。しかし古代においては、この地域の河川航行や行政の中心地であったアクイレイアなどに比べて、ヴェネツィアは優勢ではなかった。帝政後期には降水量の増加により、島の集合体という形状が進む。六世紀にはランゴバルド人がポー川流域の平野に定住するが、ヴェネツィアはこうした地形のため、軍船をもたなかったとされるランゴバルド人の侵入の影響が少なかった。七世紀前半には、ビザンツ帝国の北イタリア支配の拠点であったラヴェンナの総督管区にヴェネツィアは含まれる。ランゴバルド人によって、八世紀半ばにこの総督管区が滅亡したあとも、ヴェネツィアはビザンツよりの路線をとりつつ、フランク王国やビザンツとのかけひきのなかで、自らの地位を高めていった。九世紀や十世紀の条約のなかでは、ヴェネツィアは自治権の容

▼**アウグストゥス**（前六三～後一四、在位前二七～後一四）　帝政を開始。

▼**ディオクレティアヌス帝**（二四五頃～三一一頃、在位二八四～三〇五）　後期帝政を開始。

▼金印勅書　金印が押されたビザンツ皇帝の勅書。

▼ドージェ（総督）　ヴェネツィアやジェノヴァで都市政府の最高指導者の地位を示した言葉。

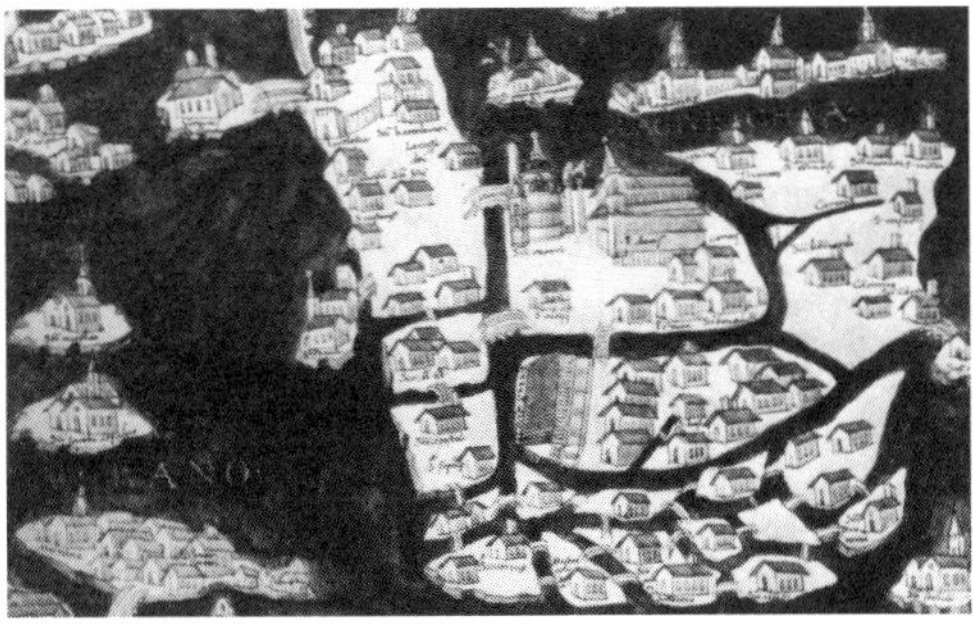
十五世紀のヴェネツィア

認などを含め、ビザンツの属領ではなく独立国家的なあつかいを受けているようすがしばしば見られる。十世紀前半には、このころポー川河川交易の中心であったコマッキオを攻略し、経済活動上の野心も示していた。

ヴェネツィアの事実上の独立とされるのは、一〇八二年のビザンツからの金印勅書である。ビザンツからヴェネツィアへの金印勅書はそれ以前にも発布されているが、このとき、ヴェネツィアの最高権力者であるドージェにたいする承認や、ヴェネツィア商人のコンスタンティノープルにおける数々の商業特権などが定められた。ドージェ統治による自治的な都市内支配やアドリア海への商業進出というヴェネツィアのあり方そのものが、上級権力であるビザンツ皇帝から承認され、コムーネとしての歴史が本格化していく。

ジェノヴァの成り立ち

フィレンツェやヴェネツィアでは、それぞれトスカナ辺境伯やビザンツ帝国といった、自らをかつて支配領域に含んでいた上級権力の消滅や上級権力による承認を節目としてコムーネの成立を考える。それにたいし、中世都市成立論

▼**リグーリア**　イタリア北西部の州。州都はジェノヴァ。

において伝統的に都市成立の指標の一つとされてきた誓約者団体の形成という下からの動きから、その成立を語りうるコムーネもある。

ジェノヴァの例を見てみよう。古代、ジェノヴァは属州への通過点として以上の価値はなかった。ローマ帝国崩壊後、東ゴート、ビザンツ、ランゴバルド、カロリング朝の支配領域にはいるが、このころの情報も少ない。九世紀後半から十世紀半ばには、ムスリムの侵入をしばしば受けていた。こうした状況下、ジェノヴァはリグーリア▲のなかで支配的な地位にあったわけではなかったが、十世紀半ばの国王証書ではイタリア国王がジェノヴァの住民たちにたいし、彼らの慣習と所有権を保証しており、ジェノヴァ人共同体の存在が確認される。その後ムスリムに攻撃を加えるほどに勢力を回復したジェノヴァは、第一回十字軍への参戦とほぼ同じころ、一〇九八年に、コンパーニャ・コムニスという誓約者団体を結成する。これがジェノヴァのコムーネの原型となる。

コムーネ成立前史の意義

ここまでは、のちに大都市となるコムーネの誕生物語を述べたが、こうした

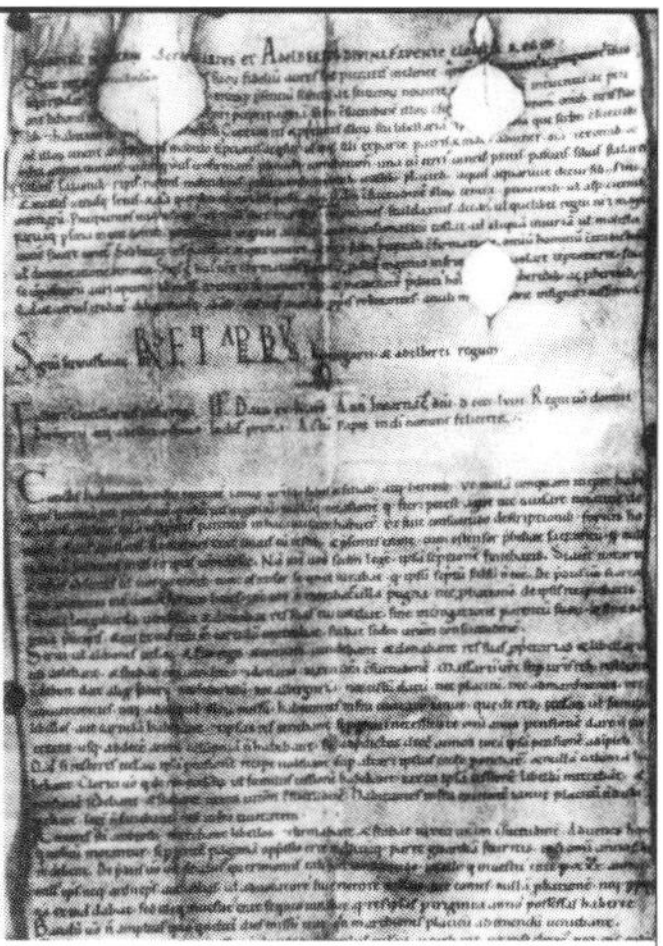

九五八年にイタリア王がジェノヴァに与えた国王証書　ジェノヴァ人の特権が認められている。国立ジェノヴァ古文書館所蔵。

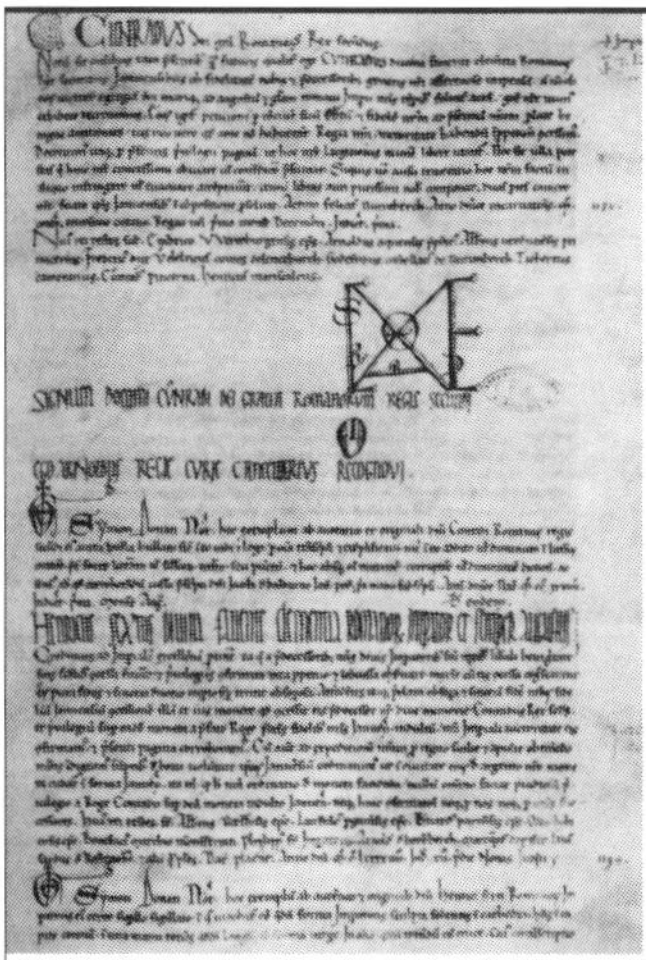

一一三八年に神聖ローマ皇帝コンラード二世がジェノヴァに貨幣鋳造権を認めた国王証書

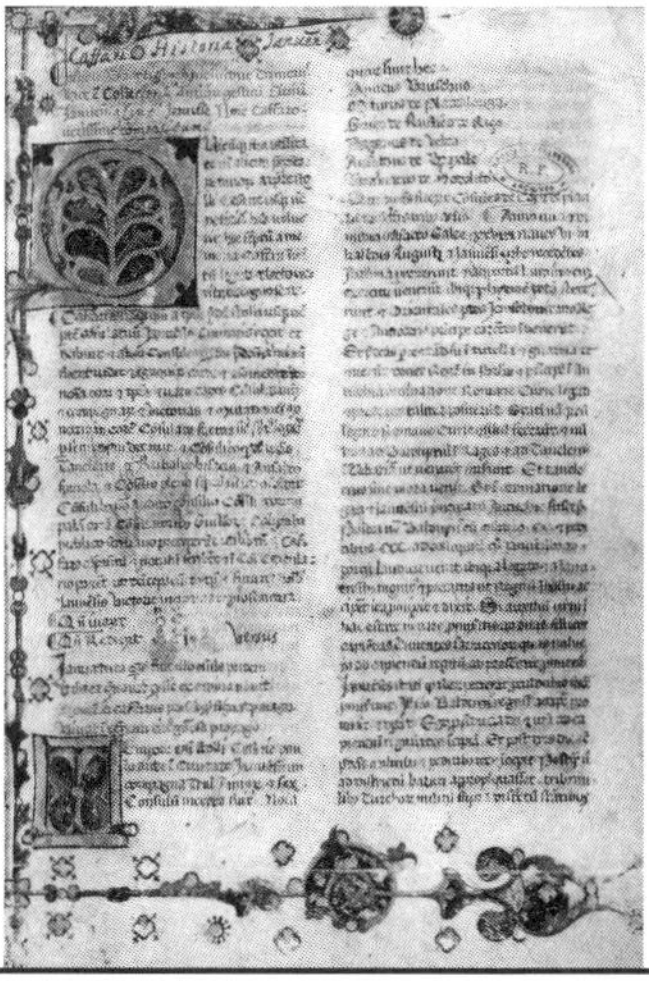

カッファロの『ジェノヴァ年代記』の写本　コムーネ形成期の内容を含む。パリ国立図書館所蔵。

カッファロの『ジェノヴァ年代記』の写本挿絵　十二世紀の年代記作者カッファロが書記マコブリオに年代記を語る図。パリ国立図書館所蔵。

経過のなかには、コムーネの成立期やその後の歴史を考えるうえで、ほかのコムーネにも共通する重要な要素がさまざまなかたちで含まれている。

例えば、コムーネ形成の前段階として、ローマやエトルリアの集落の上にコムーネが築かれるというパターンがある。フィレンツェのように、ローマ時代からの空間的連続性がはっきりするところでなくとも、ローマやエトルリアからの連続性は、コムーネの由緒正しさを示すあかしとして、伝承的なものも含め、都市の歴史叙述やルネサンスの人文主義者の著作において高らかに謳われるものであり、長期にわたり、都市のアイデンティティ形成において力をもつ要素であった。建築史的な意義をこえて、都市の誇りや自己認識につながる要素として、古代の起源はイタリア中世都市にとって重要であった。

中世都市の成立については、古くから断絶説や継続説▲の議論が盛んだが、イタリア中世史の場合、ローマ帝国の本拠であったという立地条件もあり、程度の差はあれ、なんらかのかたちでローマ時代の名残を見出せる都市は少なくない。ジェノヴァ、ピサなどで、コムーネ誕生後に用いられた「コンソレ▲」という役職名は、共和制ローマを意識させる呼称であった。当時の人びとがローマ

▼**断絶説・継続説**　古代と中世とのあいだの断絶の有無を議論するもの。考古学的成果や文化的痕跡、ローマの制度の継続と衰退、人的交流の継続性、イスラームの影響などの視点から論じられる。

▼**コンソレ**　ラテン語の「コンスル」が語源。複数形はコンソリ。

との直接的な連続性を声高々と主張することはなくとも、こうしたさりげない役職の名称にも、中世コムーネのスタート時におけるローマ文化の名残が見られるのである。また、コムーネの前史として、前段階における行政府や司教区の存在も重要になってくる。すでに言及したように、その誕生基盤として、聖俗いずれかの統治機構の中心地としての機能を備えていたり、その内部に司教区を含むという経験を有したコムーネは少なくないのである。

コムーネ誕生時の支配層

形成期のコムーネの担い手になったのはだれか。よく見られるのは、周辺の領主層の家人や商人が主導権を握る場合である。有力者層はいっそうの利益を求め、領主支配を脱し新たな共同体を求めた。コムーネ成立の直前より、領主層から自らの権利を守ろうとし、さらなる上級権力に都市共同体の存在とその住民たちの権利の容認を求める彼らの姿が国王証書などから明らかになる。

領主層にとってのコムーネとはどういう存在であったのであろうか。

領主にとって、領主の権力を奪い、領主と対立する組織としてのみコムーネ

シエナの町並み　中世のシエナでは、十三世紀末にノーヴェ体制という支配体制が確立する。ノーヴェは九の意味で、九人の有力者による統治がなされた。

が存在したわけではない。ピサの例をあげよう。十一世紀初頭から西地中海のムスリム勢力との戦闘における勝利などにより、軍事的・商業的発展下にあったピサには、市内の各地区を政治的・軍事的基盤とする住民たちの共同体があらわれ、自治組織が発達する。十一世紀なかごろには、司教・王・トスカナ辺境伯といった領主的権力の代官たちも存在していたが、彼らとともに、前述の住民たちの代表の自治組織がコムーネを形成していく。このように、領主的起源をもつ人びともコムーネに集う状況であったピサには、都市の有力支配層として商業に従事しつつも、周辺領域に土地を封土として有するような貴族家系も存在した。コムーネ形成期からこの地の支配層と姻戚関係を結びコムーネの役職に就任し、コムーネに積極的にかかわろうとした家系もある。

領主にとって、コムーネへの参加は、自らの領主的権限や支配地との決別の機会ではなかった。周辺領域から市内に移住して、都市の有力貴族としてコムーネに参加した領主もいれば、領地での権限を残し、都市に移住することなく、コムーネの市民としての権限をえて都市にも農村にも存在した領主もいる。リグーリアでは、コムーネと交渉し、市民となるさいに流通税の徴収権や城砦な

中世シエナの町のようす　市壁の向こうには田園のようすも描かれ、周辺領域をも含むイタリア中世都市の生活を描写した代表的作品。アンブロージオ・ロレンゼッティ「都市における善政の効果」。シエナ、プブリコ(現市庁舎)所蔵。

ど軍事組織の支配権といった封建的特権の一部をコムーネに譲渡する領主もみられた。またコムーネに関与しなかった領主もいた。シエナでは、当初シエナ市内に土地をもっていたにもかかわらず、この地でのコムーネ形成に関与せず、徐々に権威を失っていった領主家系が確認されている。

このように、コムーネは、封建的世界の支配層との対立関係から生まれたわけではかならずしもなく、領主層やのちの市民層のそれぞれの思惑のなかで、必要な存在、そしてそこに参与することで利益がえられる存在として登場したのである。そのなかで、領主的側面を残した有力者層が、形成期のコムーネの支配体制をかためるのに力を有したことはまちがいない。当初コムーネに対決姿勢を示した領主もいる。しかし領主のなかには、土地支配や流通税など自らの領主としての権益を、ある程度はコムーネに委譲・売却するかたちで手放しつつも、ある程度権益を維持したままコムーネの構成員となる者も少なくなかった。こうした状況下、周辺領域との密接な関係を維持する人びとを包含するかたちで、中北部イタリアの都市コムーネの支配層が登場するのである。

ジェノヴァのサン・マッテオ教会
封建領主的要素を維持しつつジェノヴァの有力家系となったドーリア家の氏族教会。

ジェノヴァのサン・ロレンツォ教会

脆弱なコムーネから管理するコムーネへ

当時の社会において、コムーネが信用を獲得するには時間を有した。その様相は、国際関係におけるコムーネのあり方に如実にあらわれる。

その一つの指標として、国際的な取り決めへの参加やそのさいの自称、また各国の承認という点があげられる。ヴェネツィアの最高権力者であるドージェは、十一世紀にはいるころには「ウェネティア人とダルマティア人との公」を自称し、皇帝も教皇もこれを承認したが、事実上のコムーネの自立ともいえるビザンツからの金印勅書受領までには、さらに数十年以上を要した。

また成立後まもないコムーネにたいする国際勢力の疑念がうかがえる事例もある。ジェノヴァについては、コムーネ成立直後の一一〇一年、第一回十字軍でのジェノヴァ人の協力への恩賞として、十字軍側は彼らにたいし現地での経済特権を与えることになった。そのさい十字軍側が恩賞の宛先としたのは、コムーネではなく、ジェノヴァの司教座であるサン・ロレンツォ教会であった。コムーネ誕生後まもないコムーネよりは、教会ネットワークの一角に属する司教座教会のほうが、地域の共同体を代表する存在としての信用度は高かったのである。

コムーネの支配領域においても、当初の権力はまだまだ不十分であった。コムーネは、領主層が自らの権限をある程度手元に残しながらコムーネに参加することを認めたが、そのさい領主層に下級支配権を認めた。彼らをつうじてコムーネが周辺領域の支配にかかわるというのが当初の様相であった。また領主層を本格的に取り込むために、彼らに都市内での居住義務を課すという姿勢がさまざまなコムーネで見られた。領主にたいして、「都市に生きる人びと」になってもらうという方針をとったのである。

コムーネの裁判組織

コムーネ形成期の権力の脆弱性は、裁判組織のなかにも見られる。形成後まもないころから都市のコンソリが裁判機能を有したコムーネも少なくない。ジェノヴァではコンソリのうち半数を裁判専門にするという制度が十二世紀半ばにはあらわれる。しかしコムーネの法廷が登場しても、それ以外の法廷がなくなるわけではない。ルッカでは、十二世紀前半コムーネの法廷が誕生したときには、伯の主宰する法廷と併存していた。

ルッカの町並み　古代の円形劇場の遺構を再利用しつつ歴史的に町並みが形成され現在にいたる。

　コムーネの裁判機能の歴史は、コムーネの正当化、信用獲得の歴史に連なる。十二世紀から十三世紀半ばころまでのコムーネの裁判は、当事者中心的な側面が強かった。一二五八年のペルージャの例では、当事者間での論争を中心にする弾劾主義にもとづく裁判が、裁判官による尋問を中心とする糾問主義にもとづく裁判よりも圧倒的に多く、裁判の進行は、当事者主導という雰囲気の濃いものであった。しかし、当事者主導であっても、紛争当事者たちが、コムーネの裁判を利用し、その場において宣誓をおこない、保証人を提示し、裁判官に自らの主張を述べるといった手続きじたいが、コムーネの存在意義を与えることになるのである。市民の需要を満たし、市民に利用されることによって、コムーネは都市において正当な存在となりえたのである。

コムーネの治安維持

　市民の信用を勝ちえたコムーネは、その後共同体の平和と秩序を守る存在としての機能を強めていく。ヴェネツィアでは、十三世紀には早くも『犯罪にかんする約束事』と呼ばれる法が制定された。夜警▲という治安維持を担当する官

▼**夜警**（シニョーリ・ディ・ノッテ）夜警官の意。当初夜の警備が任務であったためこの名の職となったが、暴力事件などの犯罪取締りにも任務は拡大した。

吏もあらわれ、騒乱や武器の携帯などを取り締まった。こうした軽犯罪に加え、陰謀罪や反逆罪は、公安警察ともいえる十人委員会が担当していくことになる。

シェークスピアの『ロミオとジュリエット』では、十四世紀のヴェローナを舞台に、家と家との抗争が展開する。こうした状況は、中世のイタリアにたしかに存在した。中世イタリアの社会はまだまだ、私的領域での紛争解決が機能していた時代でもあり、トスカナでは、のちに述べるヴェンデッタと呼ばれる私的な復讐システムなどを、コムーネはある程度認めていた。しかしコムーネは、当事者の主張を受けて活動するという受動的態度にとどまらず、自ら紛争解決に積極的に取り組み、犯罪を見つけ出し治安維持に努めるようになる。

そうした姿勢は都市条例などのコムーネの規定にもあらわれる。武器の携行を禁止する条項はその一例であろう。またトスカナの十三世紀の有力家系は、フィレンツェで塔仲間と呼ばれていたように、高い塔を建設し、自分たちの党派が敵を攻撃するさいの拠点としていた。彼らはヴェンデッタのような私闘をおこなっていたが、コムーネはそうした紛争を禁止すべく規定によって塔の高さを制限したり破壊を命じたりした。トスカナのサン・ジミニャーノには今も

▼**十人委員会**（コンシリオ・ディ・ディエーチ）　十四世紀のヴェネツィアで設立。十五世紀には書記局や枢密局を配下に従えるほどの権力を有したが、その後権力は制限された。

サン・ジミニャーノの町並み

▼フェーデ　復讐・報復の意。中世では、個々人の暴力的な争いにさいし、親族らの大がかりな報復行為がしばしば見られた時期があった。

中世の有力家系たちが建設し、私闘の拠点とした塔が数多く残っており、観光客を集めているが、この町にしろ、最盛期よりは塔の数はかなり少ない。塔の削減は、コムーネの公平性と平和を守る論理が有力家系の私的な争いにたいして勝利するあかしともいえる現象である。

とはいえ、私的な勢力にたいしてコムーネが完全に勝利しきれず、妥協しながら展開するのがイタリアのコムーネの弱さでもあり、おもしろさでもある。ゲルマンのフェーデ▲に起源をもつヴェンデッタは、フェーデがドイツやフランスで禁止の方向に向かうのとは異なり、トスカナでは一定の範囲内であればおこなうことが許された。一三二五年のフィレンツェの都市条例におけるヴェンデッタ関連の規定では、被害者が受けた被害と同等の攻撃を加害者にたいしておこなうことは合法とされている。それと同時に、加害者が生存しているかぎり、加害者以外の彼の親族へのヴェンデッタは禁止された。また、加害者が死亡している場合のヴェンデッタも、加害者の第四親等までと規定されている。このように、ヴェンデッタを認めながらも、その範囲を限定することにより、コムーネは、被害者の気持ちをくみつつ秩序維持をめざすのである。一三二五年の条例には、市民間の対立にさいしての休戦条項も見られる。紛争当事者が休戦と身の安全を求めた場合、政府の最高責任者であるポデスタ（四三頁参照）は当事者たちを召喚し、安全保障をおこなう。休戦は成立後、三年間有効であった。この規定では、ポデスタの召喚は強制力を有し、召喚に応じない場合は追放刑、休戦を破棄した側には罰金や追放刑が科された。安全保障や罰則規定が示すように、コムーネは、人びとを守り、治安を維持する存在へと成長している。ヴェンデッタを当時の社会から抹消できないこと、また休戦も破棄される可能性があることをコムーネはよく理解していた。そのなかにおいて、当時の人びとが納得できる範囲での規制の枠組みを考え、当時なりの理性を社会に示し、コムーネは治安維持組織としての存在意義を高めていくのである。

コムーネのソドミー政策

治安維持組織としてのコムーネのあり方は、徐々にその範囲も広がる。例えば、スコラ学を体系化したトマス・アクィナス▲は「自然に反する悪徳」を罪のなかでも重視したが、その影響を受け、ヨーロッパ各地で十三世紀半ばころか

フィレンツェのヴェッキオ宮　共和制期フィレンツェの政治の場であった。

▼トマス・アクィナス（一二二五頃〜七四）　イタリアの神学者、哲学者、ドミニコ会士。スコラ学の黄金時代を築いた思想家の一人。主著に『神学大全』がある。

ら男性間の性的関係(ソドミー)を犯罪行為とする法令が制定される。イタリアにおいても、十三~十四世紀にかけて、ヴェネツィア、ボローニャ、フィレンツェ、シエナ、ペルージャなどでこの法律の制定が確認されている。しかし、こうした分野の取り締まりが本格化するのは十五世紀で、この時期にはフィレンツェでは「夜の役人」、ヴェネツィアでは十人委員会のなかの「ソドミー専従班」、ルッカでは「品行にかんする役所」が登場し、取締りに臨んだ。フィレンツェは、一四三二年の法改正により、告発を奨励する政策をとった。フィレンツェ市内や従属都市に告発状をいれる箱がおかれ、月に一度そのなかに投入された告発状が回収された。告発者は公開されず、また有罪が確定した場合は罰金の四分の一が告発者の報酬として与えられることになった。この結果、告発は増加し、一四七〇年代には、年間一六〇件にのぼる有罪宣告がなされた年もあるほどであった。治安維持をつかさどる者としてのコムーネ像が見られる一つの分野として、ソドミー政策は位置づけられるのである。

②—公平性の原理と諸制度の展開

全市民集会

イタリア中世の制度のおもしろさは、公平である、平等であるという原理が底流にあり、それにたいするさまざまなこだわりを見せながらコムーネ体制の歴史的な展開が見られることにある。中世イタリアには公平性にもとづく政治体制が登場するが、そのなかにはすべての市民に公平という側面を提示するものもあれば、選ばれたメンバーのなかでの公平性を示す一面もある。共同体と外部勢力との関係から生まれる制度もある。また市民たちはコムーネの底流にある公平性の原理をかならずしも遵守するわけではない。しかしその体制を完全に否定せず、その合間をかいくぐり、利用し、人びとは自分の私欲を追求していく。ここでは、その様相を、さまざまな角度からながめてみよう。

市民すべてに参加の道が開かれるという理念をもってあらわれた制度に、全市民集会▲がある。フィレンツェではコムーネ誕生直後から、コンソレを補佐する組織として、手工業者の代表一〇〇人からなる評議会に加え、パルラメント

▼全市民集会　全市民集会への参加資格は定かではないが、成年男子市民であると思われる。

ジェノヴァの市区　太線は十二世紀なかごろ建造の市壁。市壁内は八つに分かれている。

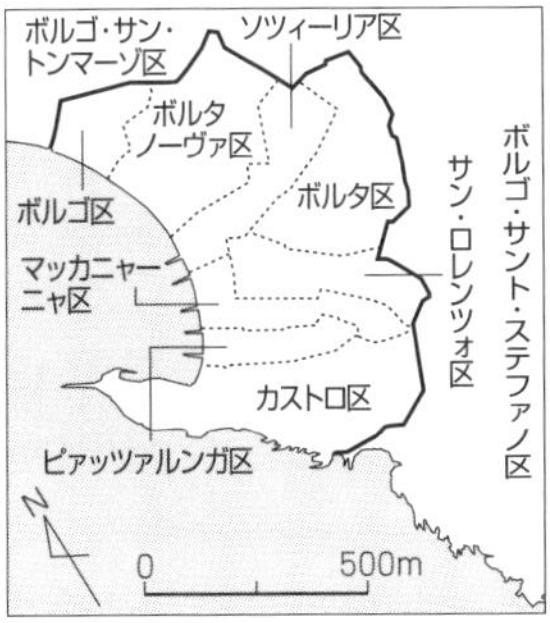

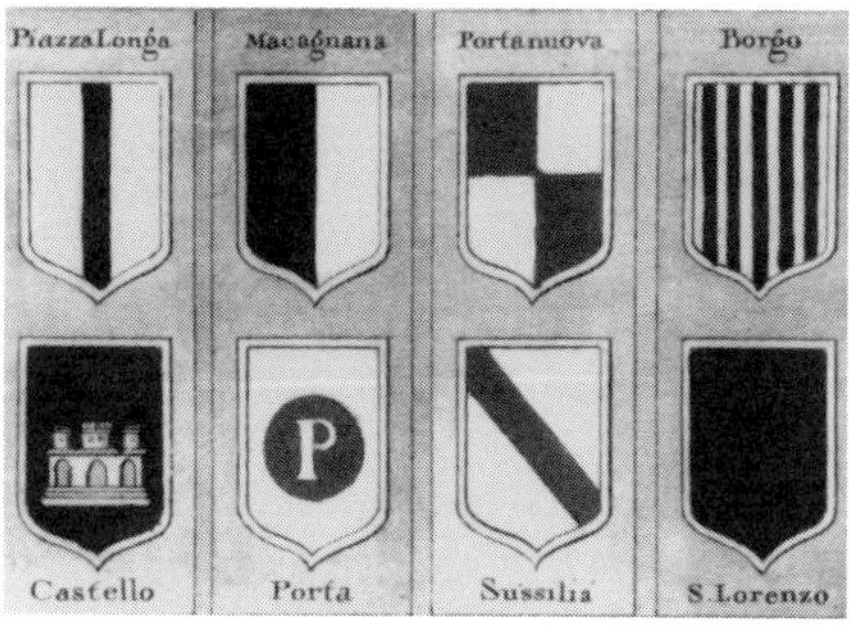

ジェノヴァの各市区の紋章

と呼ばれる全市民集会が年四回開催され、条約案やコンソレの決議に承認を与える役割をはたしていた。

ヴェネツィアでもアレンゴと呼ばれる全住民集会が国家の最高議決機関として存在し、ドージェの決定などをおこなっていたが、大評議会の権限の上昇などにより、十三世紀には名目的な機関への転化が著しくなった。

一方、ジェノヴァでは十五世紀においても全市民の集会が機能していた。ドージェの決定や外国人支配の承認など重要な決定のさいには、コムーネは鐘を鳴らし、全市民集会の開催を人びとに知らせ、参加希望者は議場にあらわれ、案件にかんして自由に公の場で発言し、決定について投票もおこなわれた。

行政区のあり方と代表者

コムーネのさまざまな行政区は公平な行政をおこなうさいの基盤となる。ボローニャにおいては、十三世紀より役人の選出や徴税、軍隊編制などにおいて、四つに分かれた市区が、それぞれの単位とされた。ジェノヴァにおいては、十二世紀なかごろのコムーネのコンソレは、八つの市区から一人ずつ選ばれ、行政や裁判に尽力した。各コムーネのコンソレは各区の有力者であり、公平な基盤のなかから有力者を輩出し、有力者集団をつくる仕組みになっている。ここには、地区ごとの平等志向とともに、寡頭政▲につながる仕組みの原型があらわれている。めまぐるしく公平性の原理が展開するコムーネ形成期のフィレンツェにおいては、封建領主以外の貴族と富裕な商人のなかから、四つある街区ごとに三人ずつ、計一二名が任期一年のコンソレとなり、市政の中核に位置した。

　十三世紀中葉、フィレンツェにおいてはじめてポポロ（平民）が貴族を抑圧し政権を握ったさいにも、その権力基盤には、市区ごとに編制された軍隊があった。十三世紀末、フィレンツェでは、力をつけたポポロたちは貴族に対抗し、同業者集団であるアルテ▲に政治的、軍事的機能をもたせ、プリオーリ▲と呼ばれるアルテの代表者たちによる政治機関を登場させたが、このプリオーリも市区ごとに選出されている。フィレンツェがシニョリーア体制▲に移行したさいにも、公平性の原理は機能していた。一三四三年、フィレンツェの市区は四つに再編されたが、各区から二人、合計八人でプリオーリの職が構成され、またそれとは別に、プリオーリの議会の長である「正義の旗手▲」一名は各市区から輪番で

▼寡頭政　固定された有力支配層出身者たちによる政治体制。

▼アルテ　職能団体。中世イタリア都市のいくつかでは、有力なアルテは議員の選出基盤となった。

▼プリオーリ　フィレンツェにおいて、十三世紀末に形成された、アルテ構成員の代表者たちからなる権力機関。徐々にその権力を拡大した。アルテごとではなく各市区から選出された。

▼フィレンツェのシニョリーア体制　「正義の旗手」一名と、プリオーリの構成員六名からなる支配体制。後述するシニョリーア制とは別の体制。

▼正義の旗手（ゴンファロニエーレ・ディ・ジュスティッツィア）　グエルフィ（教皇派）をアルテが抑圧したあとの一二九三年の「正義の規定」によって制定された。

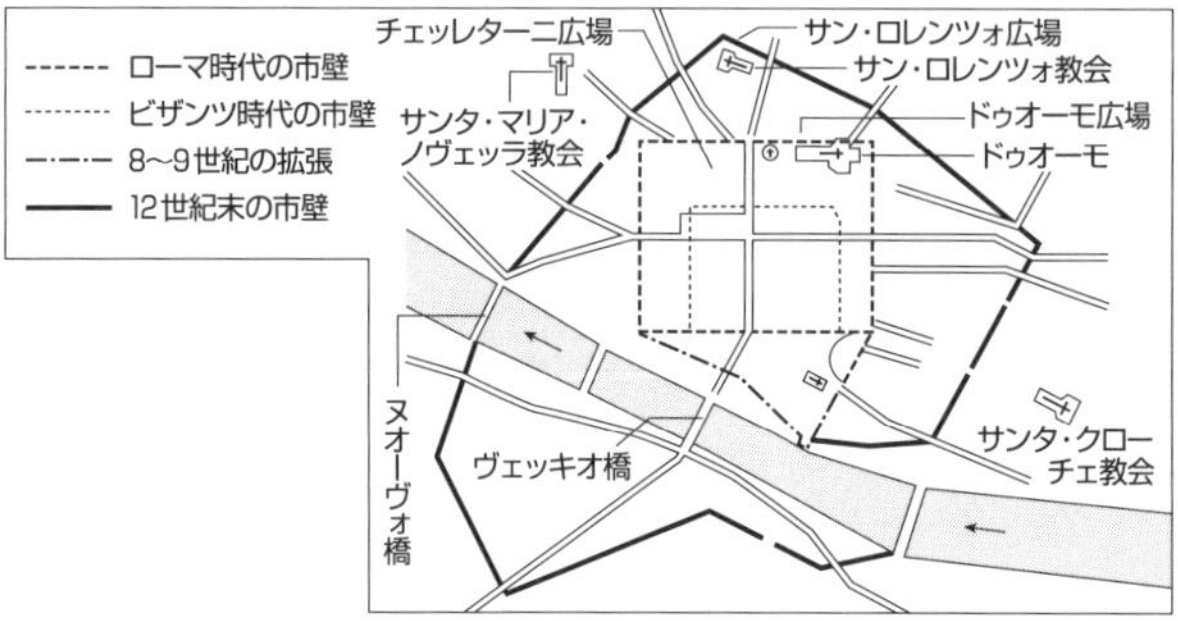

一二八四～一三三三年の市壁建設以前のフィレンツェの市壁

就任する職とされた。十五世紀前半、メディチ家は権力闘争に勝利するが、彼らは共和制的な要素を残して支配権を有した。一機関への権力集中を避けたり、官職を短期の任期制にしたり、役人選出において輪番制や後述する抽選制を維持するなどの発想は、コムーネの公平・平等原理のなかではぐくまれてきたものであり、それを無視してはメディチ家の権力もありえなかった。

ヴェネツィアの抽選制

コムーネは、私的な利権が国政に反映されないようさまざまな配慮をおこなった。フィレンツェのプリオーリの場合に見られるように、高位の公職者が任期中コムーネの市庁舎から外出するのを原則として禁じ、外部との接触を制限するという仕組みを導入したコムーネもある。また公職就任者の決定には、抽選制を導入したコムーネも少なくない。

ヴェネツィアでは、ドージェも、複雑な抽選制を経てはじめて就任可能となる役職であった。最高議会である大評議会は一〇〇〇人をこえる大所帯であったが、ドージェの選出にさいしては、不正から縁遠い者として、無作為に選出

ヴェネツィアのドージェとなったアンドレア・ダンドーロの一三四二年の宣誓文書　これによりドージェの特権や責務を規定。ヴェネツィア、コッレール美術館所蔵。

された子どもが抽選係として登場する。抽選係は壺のなかから球を取り出し、順に前を通る大評議会議員一人一人に配る。球のほとんどは銅球であるが、金球が三〇個あり、この三〇個を受け取ることができた者が最初に選ばれた者となる。この三〇人からさらに二一人が抽選で除外され、九人が残る。この九人になった段階から、選挙人選びが投票や金球による抽選で繰り返される。彼ら九人はまず四〇人の選挙人を指名し、金球による抽選で四〇人を一二人に絞る。この一二人は二五人の選挙人を投票で選び、二五人は抽選で九人に減らされる。この九人は四五人の選挙人を選び、さらに四五人中一一人が抽選で選ばれる。この一一人は四一人の選挙人を指名する。この四一人が、ドージェを選出する選挙会議の構成員となる。このように、幾多の抽選をへなければ決してドージェになれない仕組みを、ヴェネツィア人は自ら生み出していたのである。

最初の三〇人の選出のさいには、彼らが血縁関係にかかわらず選出されるために、金の球を受け取る者がでるたびにその血縁者は退場させられ、抽選に参加できなくなる仕組みであった。このことからわかるように、ドージェ選出は私利私欲を廃し、公平性を重んじる形式を徹底しておこなった。しかし大評議

ヴェネツィア政治のおこなわれたドージェ宮　この正面は十四世紀の建造。

会の構成員となりうる家系は厳格に規制されており、大評議会は、限定された人びとのなかでの公平性の世界であった。

そして議会活動をおこなうさい、こうしたかぎられた家系出身の人びとは、議会での自らの勢力を伸張させるための、親族のつながりを重視していた。近親者を早く大評議会の構成員にしようとするための制度が、聖バルバラの日におこなわれる金球くじである。十四世紀初めの規定では大評議会の構成員は二十五歳以上の貴族の嫡出子がなれるとされたが、この日に実施される金球による抽選に当選した場合、十八歳に達している大評議会構成員の嫡出子にも大評議会構成員となる道が開かれた。応募の申請の多くは父（父の不在時にはおじなどの親族）がおこなった。この金球くじへの応募者は多かったとされる。親族を積極的に大評議会に送り込もうという家系の政治戦略がうかがえる。

ドージェ選出や金球くじの制度にせよ、大評議会のあり方にせよ、ヴェネツィアの政治世界がかぎられた寡頭制のなかで動いているのは明らかである。しかしそのなかに抽選システムを織り込むことにより、不公平感や独占的な要素をうすめようとする。その一方で家系の利益を制度のなかにすり込ませることも忘れてはいない。共和制の公平的な理念と私的な利益を追求する精神の混在が、ヴェネツィアの制度のさまざまな側面においてかいま見られるのである。

フィレンツェの抽選制

フィレンツェの体制のなかにも、十四世紀前半より抽選システムは根深く存在していた。▲公職就任のための資格審査を経た候補者の名前は袋のなかにいれられ、ある公職に欠員がでて満たす必要があったときに、その袋のなかから抽選で引き出された者が官職に就任できることになる。

抽選対象者となるための資格審査システムも、フィレンツェでは整備されていた。抽選によって選ばれた人物は、規定外の年齢であるかどうか、税の滞納の有無、最近公職に就任していないかどうか、官職保有者との親族的つながりの有無が審査された。市民や統治のあるべき姿が浮かびあがる審査要件である。

抽選制度は上下さまざまな役職で導入されており、シニョリーアのほか、グエルフィ会▲の構成員、高等裁判所の官吏、アルテのコンソレといった役職も資格審査を経た人物のなかから抽選で選ばれた。こうした上級の役職にも抽選制

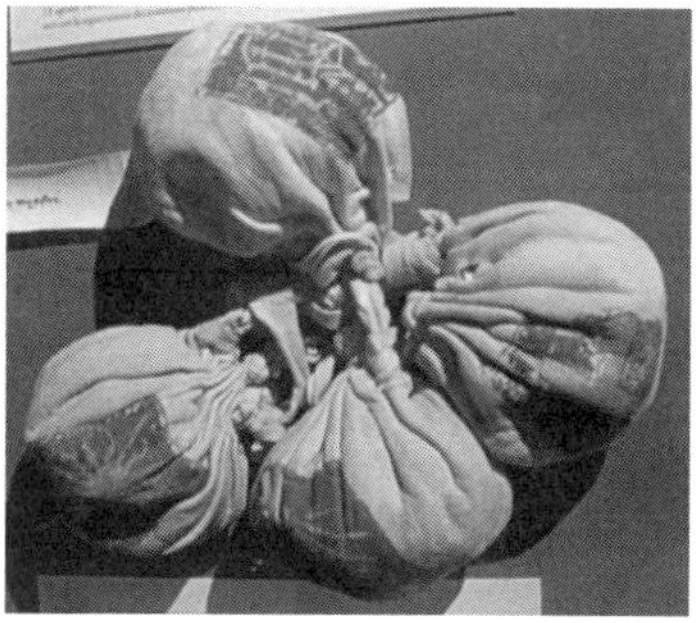

フィレンツェで抽選に用いられた袋
四つの地区用。

▼フィレンツェの抽選制　フィレンツェでは、一三二八年に役人選出のさいの抽選制度が導入されたとされる。

▼グエルフィ会　皇帝派と教皇派の対立のなかから生まれたが、フィレンツェでは両派の対立が消滅したあとも都市政治の権力機構として存続し、官職やアルテの役職就任資格の審査権などを有した。

が導入されていたことは、フィレンツェ史の劇的な政治的転換をも生み出すことがある。メディチ家の台頭にもこの抽選制は深い影響を与えていたのである。

抽選システムとメディチ家

一四三三年九月、リナルド・アルビッツィ▲とコジモ・デ・メディチ▲の抗争は頂点に達していた。当時コジモは追放状態にあり、リナルドの優位は堅固なものになると思われていた。しかしわずか一年後、コジモはフィレンツェに召還され、逆にリナルドはフィレンツェから追放されることになった。この政治的逆転劇を可能にしたのは、一四三四年九月に抽選によって任命されたシニョリーアであった。このシニョリーアはコジモの召還を好んだのである。抽選というシステムが歴史的転換におおいにかかわった事件といえる。

こうして政権を担ったメディチ派は、抽選システムを利用して政権基盤を確立した。メディチ派は、バリーア▲と呼ばれる非常大権委員会を動かし、前年までの資格審査を無効とし、再審査までの特例として少数の名札しかいれない袋からの抽選制を実施したが、そのさい、この名札を管理する役人を自らの派閥

▼リナルド・アルビッツィ　アルビッツィ派は有力貴族の家系などを多く含み、新興のメディチ派と対立。リナルドはコジモ・デ・メディチの最大の政敵の一人。コジモに敗れたのち彼により追放刑を受ける。

▼コジモ・デ・メディチ（一三八九〜一四六四）　フィレンツェの政治家。メディチ家繁栄の基礎を築く。学問・芸術の保護者としても知られる。

▼バリーア　フィレンツェにおいて、戦時等の非常時において、他機関よりも高い決定権を有した委員会。メディチ体制下において設置期間が長期化し、常設機関となる。

フィレンツェのメディチ・リッカルディ宮（コジモ・デ・メディチの邸宅）

でかためたのである。さらにもともと特例として実行されたこの措置を、メディィチ派は恒常化させる。さらにはバリーアも恒常化する。これにより、メディチ派の役人がメディチ派の人物を抽選の対象とし、要職をメディチ派が占めるという体制ができあがるのである。公平性の理念の枠組みをくずさず、その濫用というかたちで政権を握るところが、メディチ体制のおもしろさである。

人びとの身分と国家体制

イタリアの都市世界を考えるうえで、身分の問題はコムーネの諸制度にさまざまな影響を与えている。とりわけ、貴族と平民という区分は、独占、公平性、排斥それぞれの単位として、コムーネごとに異なる展開を示した。ヴェネツィアのように貴族の権限が強化される歴史的展開を示した都市もあれば、貴族と平民との権力闘争をくりひろげた歴史をもつ都市も多い。貴族の定義は難しいが、コムーネ成立期の支配層となった有力者たちは、封建的権力に連なる出自の有無にかかわらず、政治経済力や生活様式にもとづきそのコムーネにおいて貴族と位置づけられていることは多いし、また各コムーネの歴史の展開のなか

▼**イタリアの都市貴族**　騎士階級と貴族は同義ではなく、また商人であることと貴族であることも矛盾しない。

▼**四十人委員会**　十三世紀前半に設立。ドゥカート金貨の制定をおこなう。のちに法廷機能に特化した。

で、ある家系を貴族としてあつかいはじめるということもある。イタリアの都市貴族▲は、血統的な出自による定義にとどまらず、実態にそくして定義づけられる側面を有している。

ヴェネツィア貴族は、新規の加入者を制限するために徹底的な政策をとったことで知られる。他都市と異なり、新興勢力を上級権力から排除するのである。ヴェネツィアでは、大評議会での構成員固定というかたちで、ヴェネツィアの身分閉鎖が展開する。一二九七年の二月二十八日の法律は、過去四年間大評議会の構成員であった人物は、同年九月二十九日に大評議会の議員に応募するということができるというもので、最高の司法官からなる四十人委員会▲の四〇票のうち、一二票を獲得すれば、大評議会構成員として承認される。過去四年間に構成員でなかった人びとは、翌年の議会でも応募できた。そして獲得した資格は父から息子たちへと継承されるというものであった。この動きはヴェネツィア史では構成員を「閉ざす」という意味で「セッラータ」と呼ばれる。この仕組みは、ヴェネツィアでは貴族層がコムーネの成立時から確定していたわけではなく、平民層の有力者を取り込みながら、大評議会の構成員というかた

十五世紀のヴェネツィアのドゥカート金貨　フィレンツェのフィオリーノ金貨と並び、国際商業で広く用いられた。

ちで結果として貴族階級が成立したことを意味する。

一二九七年の法律制定時にセッラータが完全に終了したわけではなく、以後も、十四世紀をつうじて、戦争での貢献者などに大評議会構成員の資格を与えるなど、そのときどきに応じて認定条件の変更を加えたりもした。しかしヴェネツィアはこうした貴族身分の閉鎖をその身分の基本政策とする流れをつくり出す。一四〇三年の大評議会の議決では、貴族の家系の一つが断絶したときに、ヴェネツィア生まれの市民層の有力家系を一つ選び、貴族に加えるといったものであった。これにより、恩賞や個別政策の一環として貴族の地位をえることは不可能となり、貴族は極めて閉鎖的な身分になったのである。こうした貴族の固定化を受け、ヴェネツィアでは、平民層の最上級決定機関への参与ということが不可能となる。平民は書記官職などで能力を発揮するのが精いっぱい、といった身分格差を感じさせる社会となっていくのである。

ジェノヴァの場合、貴族と平民の区分は、異なる展開を示す。形成期のコンソレ輩出家系や、ポデスタ制(四三頁参照)施行期にコンソレにかわる役職となり、その名称にも貴族という語を含むオットー・ノービリ(八人貴族)に見られる

十三世紀のジェノヴァ　ジェノヴァ、芸術歴史局コレクション所蔵。

▼長老会(アンツィアーニ)　コンソリ制やオットー・ノービリの延長としてあらわれたジェノヴァ政府の最高決定機関。

ように、コムーネ形成期に支配層として優勢であったのは貴族であった。しかし、商業発展にともなうポポロの台頭の結果、平民層も市政に参加するようになる。十四世紀半ば、平民ドージェ制が登場し、ヴェネツィアと異なり、ジェノヴァでは国政の最高位たるドージェは平民のみ就任可能となった。とはいえ、平民独裁政権ではない。ジェノヴァでは、その後八名の構成員からなる長老会(アンツィアーニ)▲が最高議会となるが、その議席は、貴族四名、平民四名という内訳であった。直接税の記載台帳を見ても、貴族と平民は異なる欄に記載されていた。貴族と平民という区分は人を分かつ二大区分として機能しており、また、現実には貴族の権勢は強大であるものの、国家の政治権力を制度化するにさいしては、両者の平等を求める志向が存在していたのである。

　フィレンツェでは、平民が有力者を政治権力の中枢から排除することをめざすかたちでコムーネの歴史が展開する。とはいえ、その政治的展開には、教皇派と皇帝派(四三頁参照)の抗争がからみ、また、大商人と貴族の連携や同化が見られることもあり、さらには、貴族と平民という二大区分に分類しきれない豪族(マニャーティ)というカテゴリーでの身分区分もしばしば登場するように、単純な貴族と平民の二項対立というにはほど遠いものであった。しかしながら、平民は、前述のようにアルテをつうじてプリオーリ体制を確立し、グエルフィ会などを基盤とした貴族の組織を押さえていった。

政治的追放システム

フィレンツェの豪族というカテゴリーは、政治的追放にかんする問題のなかで、その姿を顕著にすることが多い。この追放というシステムも、コムーネ体制の原理を考えるうえで興味深いシステムである。共同体の構成員としてふさわしくない者は、共同体からさまざまなかたちで排除されるというシステムの一つである。例えば、さきにフィレンツェにおける男性間の性的関係の取り締まりについて述べたが、一四三二年の法改正では、この関係の罰則規定として、十八歳以上の成人男性について、三度目、四度目の有罪にさいしてはそれぞれ罰金刑に加えて二年間の公職追放、永久公職追放という公職からの追放規定が定められているし、十八歳未満の少年についてはそれぞれの罰金刑に加えて五度目、六度目の有罪にさいしてそれぞれ一年間、一〇年間の追放が規定されて

▼**反豪族規定**　「豪族」とみなされた人物を、政府の官職から排除する規定。さまざまな都市で制定された。

おり、コムーネから排除されることになっている。

こうした倫理的な面などで社会的秩序をみだす者を追放するだけでなく、政争のなか、勝利者側が敵対者を社会的秩序をみだす者として位置づけ追放する、という政治的追放システムも、各地のコムーネで見られる現象である。十三世紀において中北部イタリアのコムーネを席巻した皇帝派と教皇派の争いにおいては、勝利した党派は敵の党派をコムーネから追放し、追放された人物は自らの党派が優勢である都市へと亡命した。中世後期にはいっても、支配層の権力闘争のなか、前述のフィレンツェのほか、ミラノ、ジェノヴァでも最上級権力者の地位に近い立場の人たちの政治的追放があいついだ。

また、追放とまではいかないものの、貴族と平民との権力闘争のなかでも共同体からの排除のシステムが機能する。十三世紀後半以降、フィレンツェやボローニャでは、「反豪族規定」▲というものがしばしばあらわれる。平民の権利を侵害し、平民による支配体制を妨害し、都市の平和をみだし自己の権勢を伸張させる者にたいして、平民側はしばしば豪族というレッテルを与えた。豪族という評価は家系単位でおこなわれたが、こういう主観的な基準であるため、政争の過程では貴族に限らず富裕市民でも豪族として非難される者もあらわれる。豪族という評価がくだされると、フィレンツェではプリオーリなどの執政機関から排除されたし、ボローニャでは裁判官などのコムーネの官職から排除された。フィレンツェでもボローニャでも、豪族と認定された場合、反豪族規定を遵守し無法行為をしない約束として、保証金を支払うことが義務づけられた。

追放者の家族

このように、共同体の構成員としてふさわしくない者を排除するシステムがイタリアのコムーネには存在したが、追放は、それを科された者にとって、大変心身の負担の大きい刑であった。高名な人文主義者アルベルティ▲の『家族論』では過酷な運命による苦しみについて家族が発言するが、その背景にはこの名家が長らく追放刑を受けたという事実がある。

追放者たちは、ただただ指定された追放期間が過ぎるのをだまって待っていたわけではない。さまざまな根まわしによって追放が解除される可能性はあった。そのようすを伝えてくれるのが、十五世紀中葉に、アレッサンドラ・スト

▼レオン・バッティスタ・アルベルティ（一四〇四〜七二）　初期ルネサンスの代表的人文学者、建築家。ルネサンスの万能人の一人。主著に『絵画論』『建築論』『家族論』がある。アルベルティ家は十四世紀末から十五世紀前半の三十数年にわたり追放刑を受けた。左は自画像のメダル。

ロッツィが追放刑を科された息子たちに宛てた書簡である。

アレッサンドラは毛織物商人マッテオ・ストロッツィと結婚し、フィリッポ▲、ロレンツォ、カテリーナ、マッテオほか九人の子を儲けた。夫マッテオはさきに述べた一四三四年のコジモ・デ・メディチのフィレンツェへの帰還にさいして、反メディチのアルビッツィ派の有力者とみなされたパッラ・ストロッツィ▲との親交から追放刑を科され、翌年死亡した。残されたアレッサンドラと娘たちはフィレンツェで暮すが、息子たちは、長男フィリッポですら五〜六歳と幼少であったにもかかわらず、父の罪に連座して追放刑を科されフィレンツェを追われ、ナポリで銀行業をいとなむ父の従兄弟のもとで働くことになる。

フィレンツェに残る母アレッサンドラは、なんとか息子たちの追放刑を解除してもらおうと奮闘する。とはいえ、女性の政治参加などないフィレンツェ社会において、彼女が直接政治的な働きかけをおこなうわけではない。では彼女になにができたのか。一つには、彼女を訪問した親族や友人たちがもたらした情報を息子たちに提供することである。例えば、息子ロレンツォがナポリにあるフィレンツェ人の商人組織(ナツィオーネ)▲の領事に選ばれたとき、その決定

▼フィリッポ・ストロッツィ　追放刑を解かれたのちナポリでの経験などを活かし、外交面でのロレンツォ・デ・メディチの助言者の一人となり、フィレンツェの有力者の一人となった。

▼パッラ・ストロッツィ　リナルド・アルビッツィとともにコジモ・デ・メディチの政敵の中心人物。コジモのフィレンツェ帰還ののち、パドヴァへ移住した。

▼商人組織(ナツィオーネ)　本国の外にいる同郷者の集団。在外商人たちが同郷者で結成した商館を有することが多い。

はフィレンツェ人の不興を買っているので辞退したほうがよいと進言している。また息子たちは、ナポリ王の口ぞえで追放刑を解除してもらおうと働きかけているが、アレッサンドラはその行動にかんするフィレンツェ側の反応を息子たちに知らせている。そのほか、有力者の台頭、失脚、死亡について、アレッサンドラはだれかに書簡を読まれることを恐れ、暗号を用いながら息子たちに情報を伝えている。

　直接政治世界に訴えることができなくとも、アレッサンドラは自分にできる範囲での追放解除のための努力を怠らなかった。有力者に賄賂を送るという行為もおこなうが、女性によるネットワークにも効果を期待していたようすが彼女の書簡からはうかがえる。アレッサンドラは息子たちがメディチ家の傍系にあたるベルナルド・メディチの息子アントニオとナポリで親交をもったと知るや、フィレンツェにいるアントニオの母コスタンツァに接近している。メディチ派への接近の手がかりを求めているのであろう。またアレッサンドラは、反メディチ勢力への接近も欠かさなかった。反メディチ勢力の有力者であったニッコロ・ソデリーニ▲は、アレッサンドラの姉妹の夫であったが、アレッサンド

▼ニッコロ・ソデリーニ　反メディチの気運の高まっていた一四六五年に正義の旗手に就任したが、まもなく追放刑を科された。

フィレンツェのストロッツィ宮
アレッサンドラの息子フィリッポがフィレンツェに帰還したのちに建造。

ラの亡父の遺産相続争い以来親交がとだえていた。しかしアレッサンドラは、反メディチ勢力のなかでニッコロ・ソデリーニが頭角をあらわしてくることを見のがさず、ニッコロと親交のある修道女に接近して、自分の信仰の深さを印象づけ、この修道女をとおしてニッコロ・ソデリーニに自分や息子たちの境遇を思い出させようと尽力している。さまざまな手段の行使やフィリッポ本人の商人としての成功、政治情勢の変化のなか、長男フィリッポが帰還を許されたのは一四六六年、フィリッポが三十八歳のときであった。

アレッサンドラにとって、政治とは個人の集合体がなすおこないであり、縁故・陰謀・貪欲さといった私的な思惑がつきまとうものであった。こうした意識は、彼女に限らずフィレンツェ人がある程度共有していたものであった。

制度と人脈

縁故などで制度のすきまをかいくぐろうとする行為は、追放のような大事件に限られたことではなく、フィレンツェ人の市民生活にとって日常的なものであった。公平性を重んじる制度やシステムを廃止することなく、そしてそれを

▼**フィレンツェでの減税措置**　臨時税や強制公債を割り当てた結果、徴収額が目標額をこえてしまった場合、各行政区から選出された減税官が、じしんの意向で減税対象者を選び減税する仕組みであった。

かいくぐりうる力の存在も思う存分利用して、中世のイタリア人はいきいきと暮していたのである。公職選出の候補者リストの作成や、世帯ごとに課される強制公債の負担額の決定などには、行政区の有力者の発言が影響力をもったため、人びとは有力者に取り入ることを望んでいた。十五世紀中葉のフィレンツェ市民バルトロメオ・チェデルニの事例からは、縁故を使って自分の減税措置▲を成功させようと企むようすがよくわかる。バルトロメオは、義兄弟や、職場で知り合った仲の良い友人である他区在住のボーノ・ボーニの従兄弟にたいして、減税決定に影響力をもつ人物への働きかけをお願いする。働きかけた人物のなかには、メディチ家との連携のなか勢力を伸ばしつつあった人物も含まれており、依頼された人物たちは、バルトロメオの希望がかなうよう尽力することを書簡で綴っている。

またこのボーノ・ボーニが他区の減税官に選出されると、ボーノ・ボーニは、減税官同士のネットワークをつうじて、バルトロメオの減税を働きかける。バルトロメオの属するブエ区の複数の減税官それぞれに、ボーノは、ブエ区の減税官のリクエストに応じて、自らの担当区に属する市民の減税に賛成するとの

フィレンツェのサン・ロレンツォ教会　コジモ・デ・メディチやロレンツォ・デ・メディチの墓所がある。

交換条件を出し、バルトロメオの減税を彼らに依頼する。そしてバルトロメオにはブエ区の減税官がだれであるかを知らせ、バルトロメオ本人も直接ブエ区の減税官たちに減税を頼むよう指示している。こうした友人たちをつうじての減税運動は功を奏し、バルトロメオは自らの減税に成功した。

バルトロメオの個々の親族や友人たちの多くは有力者ではないが、「友達の友達はみな友達」といった関係をとおして有力者にたどりついている。フィレンツェ市民の人脈については、「親族・友人・隣人」というカテゴリーで説明されることが多い。親族や友人、そして同じ街区に住む「ご近所さん」といった人脈をつうじて、さまざまな政治的・行政的決定がなされる仕組みが、フィレンツェにはあった。アレッサンドラの事例もあわせて、これは、アルテによる支配体制が崩壊したのちの、十五世紀のメディチ体制下のフィレンツェにとりわけ顕著な事例であるが、こうした現象は、ほかの中北部イタリアの都市にもある程度共通するものといえるであろう。公平を重んじる制度を社会に根づかせると同時に、人びとは、そのすきまをかいくぐって自分の利益を追求することを忘れず、そのさい、自分で形成しうる私的な人脈をおおいに活用していたのである。

単独支配者の登場

公平性の原理を示しつつも、イタリアのコムーネの歴史は、単独支配者も登場させるが、その様相は独特のかたちを示している。それがポデスタ制▲とシニョリーア制である。コンソレ制をコムーネの基本統治体制として誕生した中北部のコムーネでは、早い都市では十二世紀末頃から、ポデスタ制という独特の制度が登場する。ポデスタ制とは、集団指導体制であるコンソレ制とは異なって、ポデスタという単独支配者による統治体制である。単独支配者による統治を必要とした事情は多様だが、しばしば指摘されるのは、都市の内紛や抗争である。コムーネ成立後に新興勢力として力をえたポポロとコムーネ形成時からの支配層との対立という場合もあれば、皇帝と教皇のあいだの抗争という外部の権力構造との関係を発端とし、市民が皇帝派(ギベッリーニ)と教皇派(グエルフィ)という名称によって分かれて抗争するという場合もある。そうした都市内の混乱のなか、調停者としての機能をもつ非常時の単独支配者としてポデス

▼**ポデスタ**　ポデスタは、ラテン語では「ポテスタス」にあたるが、同種の役職を、ラテン語のレクトル、ドミヌスという語であらわした都市もある。

▼市外出身者の招聘　フィレンツェでは司教選出においても司教職からフィレンツェ人を排除する規定がつくられたことがある。これは豪族排除や外国人ポデスタ利用の伝統のなかで登場した。

ジェノヴァの皇帝派の戦闘の様相
セルカンビの『年代記』の挿絵。

タは登場する。非常時を前提にしているゆえ、任期は半年から二年程度と短期間の職であり、その後コンソレ体制に都市が復帰し、非常時にはふたたびポデスタ制を導入する、という状況が繰り返されるのである。

またポデスタはその性格上、中立かつ公正であることが望まれ、それを満たすにふさわしい資格として、市外出身者を単独支配者として招聘する▲というかたちでポデスタ制をスタートさせる都市も少なくない。モデナの都市の規定では、モデナ市内にいかなる親類縁者ももたないことや、三年以内にモデナで役職についた者は選ばれるべきではないといった厳格な資格制限も見られた。また、単独支配者への権力集中がもたらすリスクを考慮し、多くの都市で、再選禁止の条項が都市法にもり込まれたし、都市法を遵守して政務を執ることについての誓約もなされた。合議制を基本とするコムーネ体制のなかで、あくまで臨時の役職であり、またコムーネの制度のなかで活動する存在として、都市法を遵守しつつ任務にあたるという理念をもって、ポデスタ制は歴史に登場するのである。モデナのポデスタにかんする規定では、半年の任期中の俸給も一二〇〇リブラと決められており、これは二カ月に一度、四〇〇リブラずつ支払わ

れることになっていたが、最後の俸給は、勤務評価を受けるまで支払いは留保された。任期中に不正がないかを離任時に審査されるのである。このほかにも、在任中の市民との取引の禁止、在任中の商売の禁止など、さまざまなポデスタにかんする規定があり、ポデスタは、その設置の理念にともなう具体的な行動規制を受けつつ任務にあたるのであった。

ポデスタ制が中北部イタリア各地に普及して時を経るにつれ、その機能や就任者の傾向も明らかになる。ポデスタの職務は、行政や外交・軍事、治安維持や司法といったものであり、法律などの専門知識をもつほうが望ましいし、経験も重要な職である。そうしたなか、ポデスタを各地で歴任する人物もあらわれる。例えば、ミラノ出身のグリエルモ・プステッラは、一一九〇年から一二二四年の三五年のうち、トレヴィーゾやボローニャでの複数回の就任を含め、一八回にわたりポデスタを務めている。任期にかんする法的な規定がある都市も多いが、グリエルモのようになかばポデスタの専門家ともいえる人物を登用したほうが、うまく統治できると当時のイタリア人は判断したのであろう。ポデスタにふさわしい人物を都市が確保するのもかならずしも容易ではなかった。

ジェノヴァのポデスタが議会を統括する図　『ジェノヴァ年代記』の挿絵。パリ国立図書館所蔵。

同一人物が複数の都市で望まれることもある。都市ごとに任期開始日が異なるため、自分の都市のポデスタ制開始時期に希望する候補者を招聘するタイミングを逸することもあった。また都市法理念には反するものの、重任したポデスタもいる。一方、在任中に不正を犯して途中で解雇された人物もいる。このように、現実のポデスタ制は、困難な側面もかかえていたものの、コムーネの原理と発展する社会における実行力の必要というものとの折り合いをつけながら続いた制度として、十三世紀中北部イタリアに広く普及したのである。

ポデスタと領域支配

ポデスタ制については、このように、非常時の混乱収拾のための臨時の職という一面が注目されがちであるが、ポデスタという用語は、中央が地方に派遣した行政官の長をあらわす言葉として用いられることもある。例えば、かつては外部から統治のためのポデスタを招聘していたフィレンツェでは、十四世紀後半以降、領域支配が進み、トスカナの大小のコムーネをその支配領域に組み込むことになる。そのさい、フィレンツェは、フィレンツェ出身のポデスタを、そうした地に派遣することになる。

どういうポデスタを派遣するかは、地域事情を配慮して異なっている。例えば、ピサ▲は十五世紀初頭にフィレンツェの支配に属することになり、フィレンツェからポデスタが派遣されることになるが、ピサは、代々皇帝派勢力の強いコムーネであったという歴史的経緯もあり、ピサへのポデスタの資格としては、教皇派のフィレンツェ人という要件も求められていた。ピサやピストイアなど、もともと大きなコムーネであったところには、フィレンツェから派遣されるポデスタの随行員も多く、判事、公証人、使用人、歩兵などをあわせると随行員は四〇人程度にもなり、専用の馬も数頭与えられた。小さいコムーネに派遣されるポデスタの場合は、公証人一名と数名の歩兵と馬一頭程度の随行員になる。

ピサ、ピストイア、アレッツォなどの重要なコムーネに着任したポデスタは、夜のあいだは、ポデスタ管区の市門の鍵を預かる役目を有し、治安維持にもたずさわっていた。裁判権については、民事裁判での裁量権は大きく、また、現地が選出した統治者であるカピターネオが存在しているにもかかわらず、刑事裁判の権限をも十分に有することもあり、死刑を告知し実行することもあった。

▼ピサ　古くから港湾都市国家として栄えていたピサは、十三世紀後半、メロリア海戦においてジェノヴァに敗北を喫したころから徐々に勢力を弱めてきた。そうした状況下、同じくアルノ川ぞいにあり、自らの港町を求めていたフィレンツェに征服されることになった。

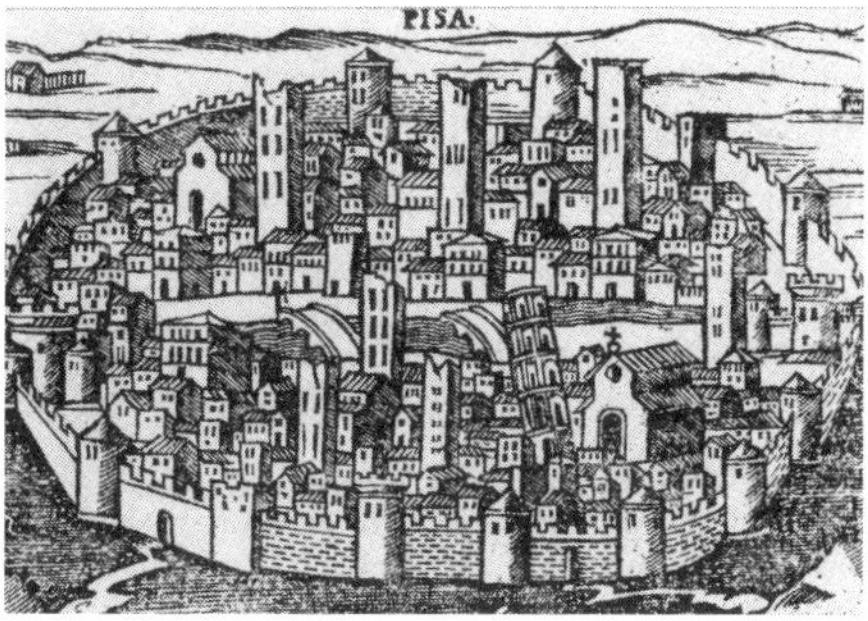

ピサの町並み　中心に流れるのがアルノ川。ミラノ市立ベルタレッリ印刷物コレクション所蔵。

ピサとジェノヴァの戦闘　サルデーニャからもどるピサを攻撃するジェノヴァ。ジョヴァンニ・ヴィッラーニの『新年代記』のヴァティカン写本の装飾。

ポデスタの裁判権は、圧倒的なものではない。トスカナ内の多くのフィレンツェの従属都市において、フィレンツェから派遣されたポデスタがおこなった判決に不服がある場合、フィレンツェの法廷に控訴することが認められていた。また、民事、刑事それぞれについて、ポデスタがあつかえる裁判の金額面での上限を決めている従属コムーネも多い。それ以上の金額にかかわる裁判は、フィレンツェでの上級審でおこなうよう規定されているのである。

さらに、こうした司法権や公的秩序維持のための権限のほか、ポデスタは現地の必要に応じて現地人と協力して現地のコムーネ行政のさまざまな任務をこなした。ポデスタの権限は強く多岐にわたるものではあったが、着任したポデスタは、非常時のポデスタと同様、着任地にすでに存在していた条例を尊重して統治することが求められた。そして、半年ほどの任期を終えたあとは、着任期間についての会計監査をも受ける。ポデスタの俸給は、ピストイアやプラートやアレッツォに派遣されたポデスタの場合、現地のコムーネ側が支払うことになっており、それは分割払いであったが、最後の俸給からは、ポデスタ着任中、彼の勘定で支払われるべき額を天引きされて与えられる。

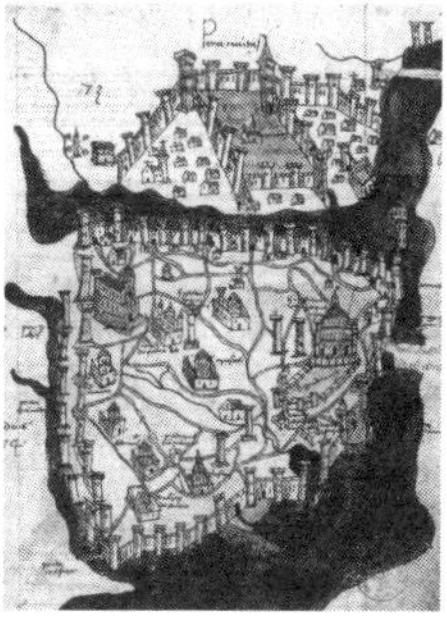

▼ペラ　コンスタンティノープル郊外のジェノヴァ人居留区。左は十五世紀のコンスタンティノープルとペラ居留区。城壁上部より外にペラと書かれている。パリ国立図書館所蔵。

▼キオス　エーゲ海の島。中世ジェノヴァの代表的商業拠点の一つ。明礬交易で繁栄。左は近世に描かれた十五世紀のキオス。ヴェネツィア、国立マルチャーナ図書館所蔵。

このように、支配都市が従属都市に派遣する統治者という存在形態のポデスタの姿を見ると、ポデスタはフィレンツェ側の絶対的権威をもって現地で自由に統治できるような存在ではないことがわかる。現地事情や現地人の目のなかでその職務をはたすのである。同時に、フィレンツェ派遣のポデスタは、あくまでフィレンツェの支配構造のなかで動いている存在であることもわかる。領域支配を開始してまもないフィレンツェの、ゆるやかなかたちでの支配体制が、ポデスタのあり方から見えてくるのである。

さらに他都市におけるポデスタという名称を見てみよう。古い時期の記録の多いジェノヴァでは、当初あらわれたポデスタという名称は、さきに述べたようないわゆるポデスタ制の古典的イメージの典型ともいえるもので、都市内での勢力争いを鎮めるために友好都市からまねかれたポデスタが短期間都市を支配するというものであった。フィレンツェ史においてトスカナの従属地域に派遣される代官にポデスタという名称が与えられたのと同様、ジェノヴァ人は、海外居留地を統治する役職として、ペラやキオスにおける居留地行政の最高権力者として同じくポデスタという言葉を用いている。

十五世紀後半のミラノ公ロドヴィーコ・スフォルツァ（前方左側）　スフォルツァ家は十四世紀末より傭兵隊長として名を高め、十五世紀にはミラノのシニョーレであったヴィスコンティ家よりミラノ公の称号を獲得した。ミラノ、ブレラ絵画館所蔵。

このように、ポデスタという言葉は、さまざまな場面で用いられているが、統治機構の最高権力者であり、また「外部」から派遣される者という点において共通しているといえるであろう。

シニョリーア制

いわゆるポデスタ制も、これから述べるシニョリーア制も、単独支配者による都市の統治という点では共通している。しかしながら、その地位の根底にある発想はまったく異なる。ポデスタは、臨時もしくは短期の任期の職という発想が前提にあり、またコムーネ体制の枠組みのなかでその権限は行使されるものであった。それにたいし、シニョリーア制とは、その体制の頂点に立つシニョーレを中心に、共和制的・平等的な理念から発したコムーネ体制とは異なる理念のもとに展開した。

シニョーレが導入された背景にも、民衆反乱や都市間の抗争の激化のなか、利害関係を調整し社会秩序の維持をおこなえる人物にたいする需要があるが、シニョーレは、皇帝や教皇の代官という地位を獲得しつつ、自らの権力として、コムーネの支配者層がもたない独自の権力基盤を導入することに尽力した。シニョーレ独自の権力基盤が拡大するなか、コムーネの支配層にもシニョーレに従属する者が見られ、さらにシニョーレは世襲化の傾向も示しはじめ、十四世紀には、公や侯などの地位を獲得し、君主となる者もあらわれはじめる。こうしたシニョーレによる統治をシニョリーア制と呼ぶ。シニョーレによる支配は、ロンバルディア▲やエミリア・ロマーニャ▲でいち早く導入された。ルネサンスの庇護者として名高いイザベッラ・デステ▲も、フェラーラ侯家に生まれマントヴァ公に嫁いでおり、シニョーレの家系の一員として歴史に姿をあらわす。

コムーネのなかの公平性・平等性の原理は、このシニョリーア制の拡大により、その存在感をうすめていく。中世末から十六世紀にかけての段階で、共和制を維持したコムーネはヴェネツィアやジェノヴァやルッカなどごくわずかであった。君主制の普及は、中世コムーネ的な原理の終焉をあらわす一つの指標としてとらえることもできるのである。

▼ロンバルディア　イタリア北部の州。州都はミラノ。

▼エミリア・ロマーニャ　イタリア北部の州。州都はボローニャ。

▼イザベッラ・デステ（一四七四〜一五三九）　フェラーラのエステ家に生まれマントヴァ侯妃となる。学芸保護に尽力。レオナルド・ダ・ヴィンチの後援者の一人としても知られる。

③―中世都市の財政と市民生活

中世都市の財政

コムーネは数多くの出費の種をかかえている。基本支出である官吏の俸給に加え、当初は小規模な政府であっても、領域支配をめざしての戦争、ドゥオーモなど都市の威信をかけた公共建築物の建設、またモンテ・ディ・ピエタなど都市の貧民救済のための組織への支援などにより、時を経るにつれ、支出は膨らむ傾向にある。しかしそれはまた、都市とその支配領域という、現代人の目から見れば小さな世界のなかでくりひろげられる収支であるがゆえに、一人一人の生活と密接にかかわっていると市民たちが実感できるものへの出費が多いともいえる。

コムーネの財政の出発点は、間接税収入である。コムーネの支配領域への出入りにさいして課される流通税や、小麦・ワイン・塩などの食糧品に課される売上税がそれにあたる。フィレンツェの有名な年代記作家ジョヴァンニ・ヴィッラーニは一三三八年のフィレンツェの財政状態を記述しているが、ここでは、

▼**ドゥオーモ**　都市の中心となる教会。大聖堂(カッテドラーレ)と一致しない場合もある。

▼**モンテ・ディ・ピエタ**　公的質屋。ユダヤ人の高利貸に苦しむ貧民の救済を念頭におき、低利で貸し付ける公的機関として中世後期に各地の都市政府が設立。

▼**ジョヴァンニ・ヴィッラーニ**(一二七六／八〇頃〜一三四八)　フィレンツェ商人。彼の手による『新年代記』は当時のフィレンツェを知るための代表的史料。

●——ヴィッラーニの『新年代記』に見る一三三八年のフィレンツェ政府の収益(上位一四項目)

順位	項　目	金額(単位：フィオリーニ)
1	城門の関税	90200
2	ワイン小売税	58200
3	コンタード（周辺領域）の直接税	30100
4	契約税	30000
5	裁判収入	20000
6	屠殺税（都市）	15000
7	塩税	14450
8	反逆者の資産の収益	7000
9	騎兵歩兵不足関係収入？	7000
10	建物の張り出し部分にたいする課税	7000
11	屠殺税（コンタード）	4400
12	粉税	4250
13	家賃税（都市）	4150
14	貨幣鋳造による利益	3800

※フィレンツェ政府の総収入は約30万フィオリーニ
〔出典〕清水廣一郎『イタリア中世都市国家研究』岩波書店，1975年，257，265，266頁

●——フィレンツェのドゥオーモ

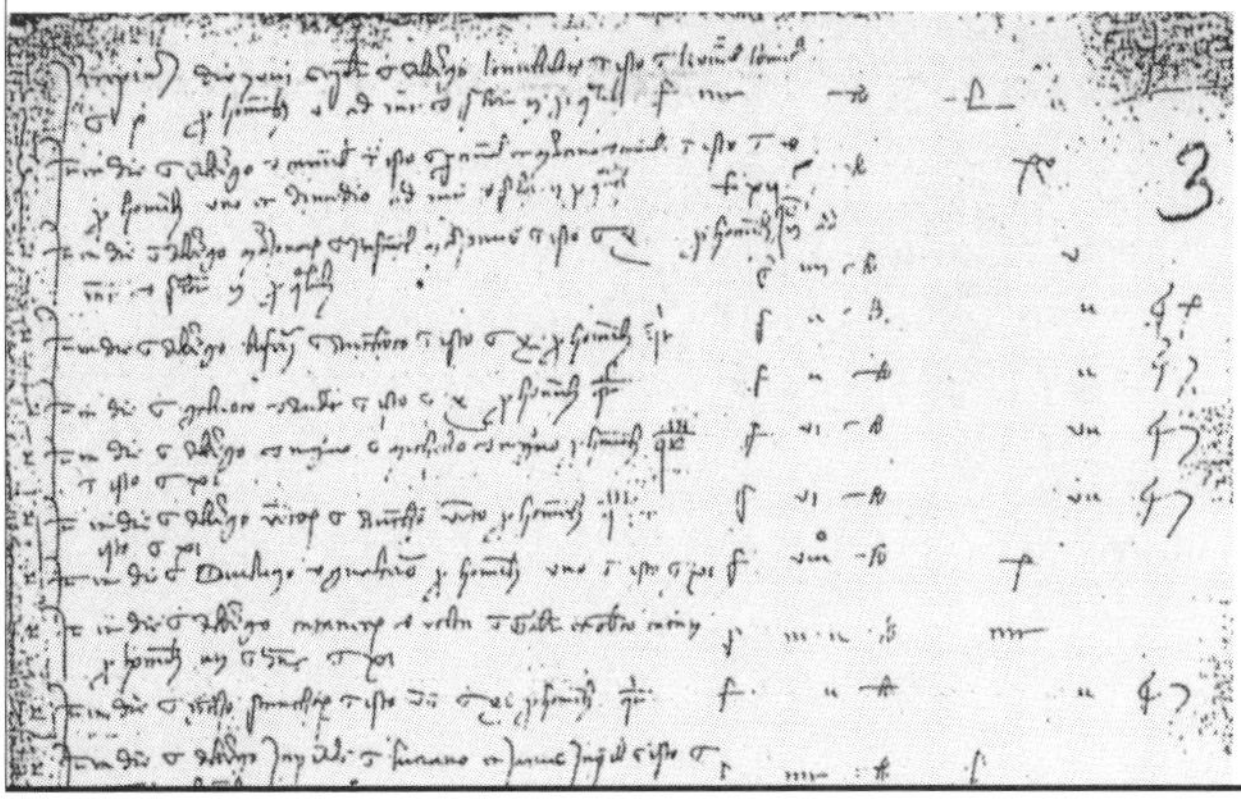

●——一三七一年のジェノヴァの家長税台帳
冒頭にまとめられた支払い一覧の上部。家名と支払額が見られる。国立ジェノヴァ古文書館所蔵。

ピサの塩税局の印章

ワインの売上税や塩税、城門での流通税、屠殺税、粉税、武器携行保証税、家賃税、市場税、市場の清掃税など、多様な間接税の存在が明らかになる。

このほか、犯罪者の財産没収や罰金刑、裁判収入といった罪にともなう収入もある。しかし、こうした収入だけでは、多様な出費を含むコムーネの諸経費はまかなえない。加えて、例えば十四世紀のフィレンツェでは、売上税のあり方じたいに問題があった。食糧品にたいする税が課されるのは都市内での消費においてであるが、都市の有力者層は、周辺領域にも農地を所有し、そこからの生産物を消費するため、都市内で流通する産品を購入して税を支払う機会が中下層民に比べて少ないのである。

間接税収入がかかえる問題に加え、コムーネの財政には、戦費調達という重荷が頻繁にのしかかってくる。こうしたさなか、イタリア都市国家には、二つの収入システムが導入される。一つは直接税収入、もう一つは公債制度である。

まず、直接税収入について述べよう。中世後期は、諸都市において人頭税、財産査定にもとづく課税などの直接税がさまざまなかたちで導入された時期でもあった。例えば、ジェノヴァでは、十四世紀後半以降、家長税の台帳や、不

十五世紀の納税する会計事務所のようす　シエナ、ピッコローミニ宮所蔵。

動産課税の台帳といった、直接税にかんする記録が残存している。ジェノヴァの家長税の台帳からは、大きな親族集団としての「家」ごとに課税が実施されているようすが判明する。例えば一三七一年の家長税台帳では、「家」を代表して納税した人物名とその額があらわれる。また一四二七年の家長税台帳では、「家」ごとに項目が立てられ、その「家」構成員の納税者一覧と一人一人の納税額が記載されている。家長税徴収にあたり、「家」という単位に依拠するかたちで都市政府が徴税をおこなっているようすがうかがえる事例である。

不動産など固定資産にかんする課税も中世後期には顕著になる。ヴェネツィアでは、一三七九年、課税のための固定資産評価がおこなわれている。ここでは、市区ごとに、存在する物件名と所有者名、課税額が記入されており、取り上げられている物件数は二一九〇件にものぼる。また固定資産税の記録からは、イタリア中世都市のもつ細かな行政能力の一端がうかがえる。ジェノヴァにおいては、一四一四年の不動産課税台帳が残存しているが、そこでは貴族の家ごとに不動産所有者と所有物件が具体的にあらわれる。ここでの物件の表記は詳細である。課税対象となる物件にかんして、「塔の付随する邸宅」「空き地を併設する邸宅」などと物件の形状を描写したうえに、隣接する物件の所有者名や形状、また隣接する道の名など四至を表記し、物件を確定したうえで、所有者への課税額を決定している。

フィレンツェのカタスト

イタリア中世都市の直接税徴収システムのなかで、もっとも成熟度が高いものとしてみなされるのが、一四二七年に、フィレンツェやその支配領域において実施されたカタスト▲と呼ばれる資産調査とそれにもとづく課税であろう。

中世後期の税制としてカタストが優れている点は、細部にわたる資産把握の仕組みと、それを整理する方法である。カタスト作成においては、まず、戸主が申告書を作成する。その内容は、あらゆる不動産、現金、価格のある動物、債権、商業および交易の量、そのほかの財産や権利であり、債務についても申告する。土地については、地名や四至、付属建造物、家畜、折半小作のような経営形態、年間収入、過去の平均収量なども申告することになっている。

そしてこうした詳細な申告書の一つ一つを、政府は要約して一定の形式に従

▼**一四二七年のフィレンツェのカタスト**　間接税や公債制度での財産運営システムに限界を感じたフィレンツェ政府が、公正な税制を確立すべく実施したものである。

って台帳に記載する。そこでは、戸主名のあと、資産について項目別一覧とその金額、そして債務などの負担や控除について項目別一覧とその金額が書かれる。さらに、こうした資産と負担などの差額が金額表示され、これが課税対象額となる。資産算出においては、詳細な仕組みが導入されている。例えば、土地の資産価値は、収益率を資本となる土地の七％とみなすことにより算出している。現物地代であれば農産物価格表、都市の賃貸物件であれば賃貸料から物件の資産を算定するのである。

実際の実施にさいしては、担当官吏は一〇人程度と少なかった。また商人が収益を少なく申告して課税額を減らそうとしたり、逆に収益を高く示して、自己の社会的威信を誇示するのにカタストの制度を利用したりする場合もあった。それゆえ、ここであらわれた数値がどれほど現実を反映しているかについては疑念をはさむ余地はある。しかし、こうした実地を試みることじたい、都市行政という文化の成熟度をあらわすものであった。そしてこの調査は対象者にたいしてたしかに実施され、その膨大な調査結果が現存している。

直接税記録が語る市民生活

このように各地で作成された直接税の記録は、都市国家政府の財政状況を明らかにする史料であるのはいうまでもない。しかしこの史料の魅力は、市民の情報をわれわれに伝えてくれるものであるという点にもある。ヴェネツィアの固定資産税の記録は、貴族や平民のあいだでの富の分布状況を知る史料として用いられた。その結果、十四世紀後半のヴェネツィアにおいては、貴族間の資産格差がある程度見られることや、裕福な平民層の存在が明らかになった。また、この史料には、親族集団ごとの所有不動産物件があらわれ、ヴェネツィアにおいては親族集団が特定の市区に集住する傾向が比較的弱いことが明らかになっている。また、ジェノヴァの場合、一四一四年の不動産課税台帳には、四至の精緻な描写が見られるが、ジェノヴァ建築史においては、こうした個々の物件の位置表記を一つ一つ照合し、貴族の家々の分布や道路を復元した地図を作製するという成果をもたらした。

しかしこうしたヴェネツィアやジェノヴァの成果のみならず、歴史学界じたいに大きな影響を与えることになる直接税史料が、フィレンツェのカタストで

●十五世紀のトスカナ諸都市における職業別平均資産額

職業	フィレンツェ		ピサ		ピストイア		アレッツォ	
	順位	平均資産額	順位	平均資産額	順位	平均資産額	順位	平均資産額
金融業	1	8748.4	1	1734.8				
毛織物業	2	3301.0	2	1213.4	2	853.3	1	930.8
その他織物業	3	1696.2	4	490.3	1	1253.8	2	478.6
法曹家	4	1079.2	9	228.2	3	434.0	4	315.0
薬種商	5	1019.1	5	429.8	5	411.6	3	404.6
紙製造業	6	598.7	7	278.7				
医師・整髪師	7	460.9	18	82.2	7	235.1	7	197.3
皮革商	8	427.9	6	427.5	4	415.4	15	87.5
陶工	9	384.8	15	92.8	6	268.5	14	89.0
外食産業	10	379.1	10	152.8	9	220.0	9	169.4
芸術関係	11	348.0	8	235.2	18	86.2	18	71.0
金属製造業	12	314.7	13	123.3	15	100.2	8	173.1
皮革製造業	13	290.9	20	71.6	11	156.4	6	204.1
木材加工業	14	228.1	14	95.6	10	172.9	17	82.7
石工	15	168.7	24	50.6	13	114.9	20	52.4
耕作者	16	166.6	17	83.7	16	94.8	19	53.7
金属小売業	17	164.9	3	507.6	12	136.2	13	98.0
聖職者	18	160.8	12	131.7			16	85.3
仕立業	19	154.6	11	137.8	8	232.9	11	154.1
奉公人	20	109.5	22	63.8	14	110.4	21	51.8
輸送業	21	105.6	23	61.8			10	159.0

※資産額の単位はフィオリーニ

〔出典〕David Herlihy and Christiane Klapisch-Zuber, *Tuscans and their families: a study of the Florentine catasto of 1427*, New Haven: 1985.

●穀物商 十四世紀のドメニコ・レンツィの『人物鑑』の挿絵。フィレンツェ、ラウレンツィアーナ図書館所蔵。

●フィレンツェの毛織物業アルテの紋章 毛織物業者のアルテの拠点に付されたもの。

ある。カタストでは、申告者の資産の内訳のみならず、申告書にあらわれる構成員一人につき二〇〇フィオリーニの控除があるため、家族にかんする情報が正確に記載される。そこに注目したイタリア中世史家のハーリッヒとクラピッシュ＝ズベールは、一四二七年のカタストを中心としつつ、ほかの年に実施されたカタストの記録やそのほかの豊富な史料を突き合わせ、膨大なデータの統計処理をおこない、大著『トスカナ人とその家族』を完成した。その成果の一端を紹介しよう。

都市民の構造については、カタストが各世帯の資産評価にもなりうることから、職業別の豊かさの指標が明らかになる。前頁の表を見てみよう。例えば、金融業者と毛織物業者の平均収入を比較してみよう。フィレンツェにおいて、金融業者の平均収入は毛織物業者のそれよりもはるかに高額である。ルネサンスと呼ばれる現象が最初にフィレンツェで起こったことは周知のことであり、その背景として、金融業や毛織物業の発達が指摘されてきたが、この二つの職業従事者の平均収入には、大きな差があるのである。

またフィレンツェのような大都市、ピサのような次位にランクされる都市、また中規模のコムーネにおける職業分布も明らかになる。例えば、都市化や文書主義が進んだフィレンツェでは、紙製造業が発達していることがわかる。また、中小規模のコムーネには、農村の土地所有者や小作人が申告者に数多くあらわれる。このように、職業分布は、それぞれの都市の雰囲気を伝えてくれるものでもあるのである。

　カタストのもう一つの成果は、歴史人口学的な研究である。家長の平均年齢、世帯構成者数の平均、家長の性別、構成員の婚姻状態など、さまざまな角度からの分析がおこなわれた。カタストを用いての分析と同程度の精緻な歴史人口学の成果を十五世紀という時期に大陸ヨーロッパでえることは極めて難しい。また、南欧世界の歴史人口学的成果として、カタストの分析結果は情報源となるデータの膨大さにおいて先駆的なものであった。そうしたなか、そのデータ結果は、ときに南欧型の、ときには中世型の世帯構造のモデルとして参照され、議論されていくことになるのである。

　歴史人口学上の細かい議論はさておき、ここでは、カタストから明らかになる家族の状況を一部紹介しよう。世帯規模の平均については、四十歳代の男性

結婚の祝宴　十五世紀末。サンタ・マルゲリータ・リグレにあるサン・ロレンツォ・デッラ・コスタ教会所蔵。

家長が存在する世帯で五人程度という数値があがっている。フィレンツェで多数を占めるのは、一組の夫婦に未婚の子どもからなる世帯である。しかし、婚姻時に新たな夫婦が父方の両親と同居する割合は、イギリスなどの北西欧に比べて高いとされる。婚姻時の男女の年齢差も北西欧に比べて大きく、平均して男性二十八歳ぐらい、女性十八歳ぐらいで結婚することになる。富裕層であると年齢差は大きくなり、男性三十五歳、女性十六歳ぐらいの組み合わせもめずらしくなかった。平均寿命は五十歳代というなか、年齢差のある婚姻は、多くの寡婦を社会に生み出すことになる。一四二七年のフィレンツェでは、十二歳以上の女性のうち、四人に一人は寡婦という状態が生まれていたのであった。

また、大都市と中小都市の流動性の高さの違いも確認されている。大都市フィレンツェでは、フィレンツェ出身の世帯は八〇％強である。これは、ほかの内陸中小都市の多くにおいて、その都市出身世帯が九割以上を占めていることに比べれば、大都市フィレンツェへの移住者の多さを示す数値であるといえる。さらに、流動性の高さは町の立地や歴史ともからんでくる。古くからの港湾都市ピサでは、ピサ出身の世帯が六〇数％であり、ピサやトスカナ以外の出身世帯の割合が極めて高く、流動性の高い社会であったことがうかがえる。古いコムーネで、十四世紀前半にはすでにフィレンツェ領となったアレッツォでは、トスカナの他地域出身世帯がフィレンツェと同様に一〇％強であり、アレッツォ出身世帯の割合は八五％にとどまる。移動と定住という視点からのアプローチをもカタストという史料は可能にしてくれるのである。

歴史人口学の史料としての直接税史料に限界がないわけではない。都市が課税対象者として掌握できたのは、人口の五〇％程度であろうとの見解もある。都市にはこうした徴税から逃れた最下層の流入者ももちろん存在する。限界はあるけれど、精緻な徴税システムの存在とその史料が語る歴史的な世界は、中世フィレンツェ人がわれわれに残してくれた興味深い財産の一つといえよう。

ジェノヴァとヴェネツィアの公債システム

コムーネのもう一つの重要な収入源である公債制度は、イタリア中世史のなかでさまざまな展開を見せる。早くから公債が発達し、独自の展開を見せたのはジェノヴァである。ジェノヴァの公債は、十二世紀半ば、イベリア半島への

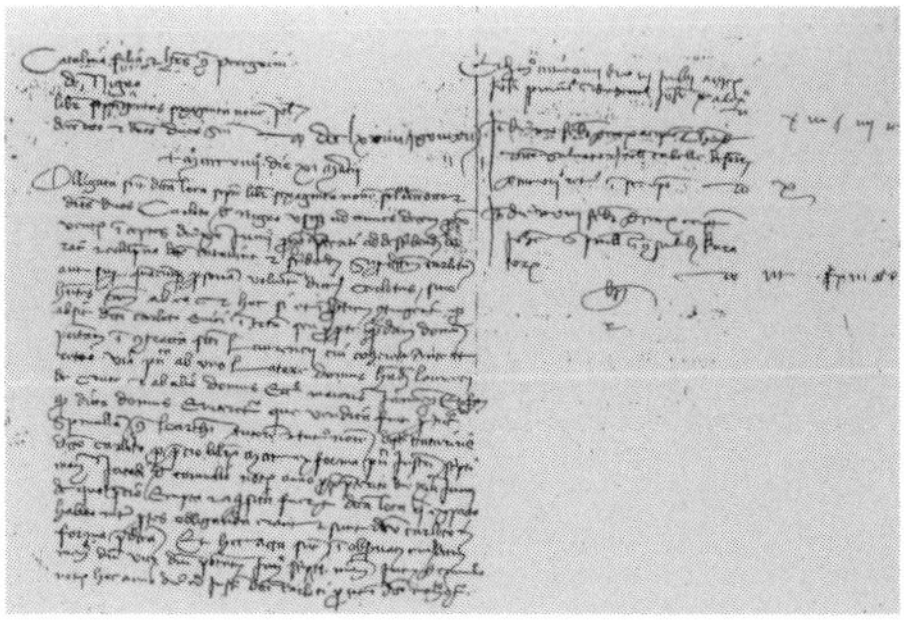

ジェノヴァの公債債権者台帳　個人名ごとに金額、利息などが書かれている。十五世紀。国立ジェノヴァ古文書館所蔵。

遠征時に市民からの貸し付けのかたちで資金を集めたことに端を発するとされ、その後も必要時につぎつぎと公債は発行されていく。

ジェノヴァの公債の利息は、発行時の状況に応じて、一％程から一〇％程度のものまで、さまざまである。塩・小麦・ワインなどの間接税収入を利息の財源とする公債は低金利であり、一方戦時公債など、配当の不確定要素の高いものは高金利である。新規発行時には分割された公債持ち分を市民は強制的に政府に購入させられるが、公債持ち分の売買は可能であった。市場では多くの場合額面以下の価格で公債持ち分は流通していたため、流通市場で公債持ち分を入手した場合、実質的な利息の割合は額面以上のものになった。

さまざまなコムーネが公債を発行したが、ジェノヴァにおいては、債務者たる国家にたいして債権者たる市民の発言権や権利が強くなったことでも知られる。貴重な間接税収入を公債の利息の分配にあてて、債権者を優遇しているのもその一例であり、また債権者が選出した役人からなる公債関係の政府部局もあらわれる。十四世紀後半、ジェノヴァでは政府の財政悪化と政治的混乱が激化するなか、フランスから代官をまねいての外国人支配も始まるが、その流れのなか、自らの権利確保に奔走する債権者たちは団体をつくり、国家から公債の運用権を自らの側に委譲させようとする。こうした債権者団体のなかで最有力となるのが、一四〇七年に結成されたサン・ジョルジョ銀行である。サン・ジョルジョ銀行は、それ以前に発行されていた公債の運用権を徐々に獲得し、十五世紀半ばころには、租税徴税権の一部、またコルシカや黒海沿岸のカッファ▲といった、ジェノヴァにとって重要な海外居留地の経営権をも獲得したのである。マキアヴェッリ▲は、サン・ジョルジョ銀行のことを「国家のなかの国家」と評している。脆弱な政府にたいし、商業民たる市民の私的なエネルギーが優位を示した一例ともいえよう。

市民にとっての公債とはなんだったのか。公債というものは、財政赤字の象徴のようにみられがちだが、国家の財政云々といった理屈とは別に、現代人が国債を購入するように、中世イタリアの市民たちも、自らの需要に応じて公債制度を利用していた。ジェノヴァでは、女性の嫁資《かし》▲として公債を用いることが少なくなかった。有力者層の女性は徐々に商業投資に参加しなくなるが、複雑化した商業に商業知識もないまま参入するよりも、公債なら購入するだけで配

▼カッファ　クリミア半島沿岸部にあるジェノヴァ人の拠点。現フェオドシア。

▼ニッコロ・マキアヴェッリ（一四六九～一五二七）　フィレンツェの政治思想家。政府の書記官として軍事・外交分野で活動した。主著に『君主論』がある。

▼嫁資　婚姻時に女性側が持参する財産。

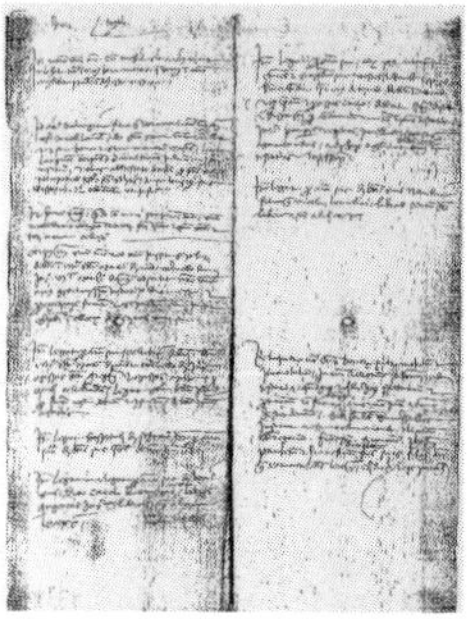

十五世紀のジェノヴァの遺言書
国立ジェノヴァ古文書館所蔵。

ヴェネツィアのサン・マルコ財務官
サン・マルコ教会の財務官は十三世紀前半の遺言で信託遺贈や管理をおこなう遺言進行人にしばしば指名された。十四世紀後半のパオロ・ベレーニョ『法令集』の挿絵。ヴェネツィア、コッレール美術館所蔵。

当が期待できる、中世後期ジェノヴァの女性たちにとって都合のいい資産運用だったのである。嫁資は婚姻後の女性の財産として重視されるものでもあり、公債の配当は寡婦生活の費用にあてることも頻繁に起こった。

さらにジェノヴァでは、公債の利息を修道院等への遺贈や貧民救済にあて、喜捨の手段としたりすることも少なくなかった。「公債の利息で私の魂の救済のためのミサを毎日おこなってほしい」「公債の利息を永久に貧者に分配してほしい」といった指示が当時の遺言には頻繁に見られる。ジェノヴァでは、十三世紀後半以降、公債は、永久債という満期のない形態をとっていたため、永代供養に公債の利息が用いられていたのである。

ヴェネツィアにおいても十二世紀より市民がコムーネにたいして自発的に資金貸し付けをおこなったことが確認されていたが、十三世紀にはいると、政府が市民に無理矢理公債をもたせる強制公債も開始され、十三世紀半ばには公債をあつかう部局も設立されている。同じころ、公債を課すための世襲財産評価もおこなわれた。ヴェネツィアでは、強制公債の割当額が不動産評価額に応じて決定されたため、公債という負担をまぬがれるべく、修道院に財産を譲渡す

ヴェネツィアの公債をあつかう部局の様相　サン・マッフィオ・デイ・ムラーノの一三九一年の登記簿の挿絵。ヴェネツィア、総大司教付属神学校所蔵。

▼ジョヴァンニ・モレッリ（一三七一～一四四四）　フィレンツェ商人。「正義の旗手」などの要職に就任。教訓的な家の覚書の著者として知られる。

る者たちもあらわれる。こうした動きにたいし、ヴェネツィア政府は、一二五八年には、宗教団体への不動産の売却・譲渡、遺言での寄進を禁じる法が発布され、さらには一二九八年には、市内の全宗教団体が所持する不動産を評価して強制公債を課すよう命じた。こうした状況からは、国家が公債を広範に集めることを欲した様相が判明する。

フィレンツェの公債システム

フィレンツェの歴史は、公債制度のおもしろさをも伝えてくれる。プレスタンツァと呼ばれたフィレンツェの強制公債を課されることにたいする人びとの恐怖は多大なものであり、プレスタンツァ実施の噂にびくびくしたり、プレスタンツァを課される人物のリストに自分の名前が載らないように有力者に根まわししたりと、公債の「恐怖」を伝える逸話はさまざまに見られる。十五世紀のフィレンツェ商人ジョヴァンニ・モレッリ▲は、家族のために教訓的な覚書を残したが、そのなかで彼は、さきに述べた年齢差のある婚姻パターンの結果として、当時のフィレンツェに商人にとって人ごとではなかった父を早くに失う

▼旗区　フィレンツェでは一三四三年の新市壁完成後、四つの市区に編制され、各市区は四つの旗区を含んだ。

という事態を意識して、孤児がこうむる七つの損害について語っている。その一つとして取り上げられているのが、税金対策である。この項目で、彼は、政府から支払額が割り当てられるフィレンツェの強制公債について、公債額の決定にさいしては、世間の評判が大きな意味をもつゆえ、ひかえめに行動する必要があることを説いている。羽振りがよいと思われたなら、多額の強制公債を課される、と考えているのである。そして、悪質な後見人や親族により、父を失った子がそうした親族の負担分まで転嫁されてしまうことをも危惧している。さらに彼は、婚姻相手を、自分の住む旗区▲、それが難しければ自分の市区のなかで探すことを推奨する。その理由として、強制公債の割り当てが実際には旗区単位でおこなわれるため、同旗区に姻族をもつことにより、そのさいに援助を受けることができる、という利点があるとするのである。

こうしたモレッリの教訓からは、強制公債がいかに市民にとって負担となるものであるかがうかがえる。そして同時に、この教訓は旗区内での評判や旗区内での姻族関係といった、当時のフィレンツェの「世間」のあり方と公債システムとが十分に結びついていることをもわれわれに知らせてくれるのである。

フィレンツェにもさまざまな公債が存在したが、▲一三四三年から四五年にかけて、モンテと呼ばれる、売買や交換が自由であり、証券化された公債も成立した。大商人層にはこれによって投機の機会をえるなどして利益をえる者もあらわれることになる。しかし、この制度によっても、膨張する戦費そのほかの出費をまかなうことは困難であった。前述のカタストもそのなかであらわれてくる制度であるが、フィレンツェでは、モンテの一種として、市民生活のあり方を意識して発布された興味深い公債として、嫁資基金があらわれる。中世後期のフィレンツェでは、嫁資の相場が高騰し、各階層において、十分な嫁資がないと良い婚姻相手を見つけられないという状況が発生していた。そこに目をつけたフィレンツェ政府は、一四二五年、嫁資基金を施行する。これはフィレンツェもしくはその支配領域の住民である父親が自分の娘にたいし、一五年もしくは七年半の期限で基金にはらい込むと、年利一一・三三%で元本をふやし、満期を経たのち、その娘が結婚するさいに、夫側にたいして嫁資として支払われるというものであった。フィレンツェ政府がこうした公債制度を始めた理由は、既存の公債がもたらす膨大な財政負担を軽減することにあった。しかし、

▼フィレンツェの強制公債　一四二四〜三四年において、フィレンツェの財政収入に占める強制公債の割合は七〇%台であった。

政府は大義名分として、嫁資基金設置の目的を、「女性が嫁資をもって名誉ある結婚をすること」としている。前述のように、当時、嫁資は高騰する傾向にあり、嫁資が少ない結婚は不名誉である、との社会風潮があり、嫁資の欠乏は、女性にとっても家にとっても切実な問題であった。そのことを政府は十分意識して、嫁資を援助する仕組みと財政改善の方策とを結びつけたのである。モンテという名の公債であっても、ほかのモンテと異なり他人への譲渡や別の娘への転用が禁じられていた当初、高利率にもかかわらず申込者は少なかったが、幾多の制度の改変をへて、嫁資基金は有力市民に浸透していく。一四四四年にコジモ・デ・メディチの息子ピエロが、ルクレツィア・トルナブォーニと結婚したとき、彼女の持参した嫁資一二〇〇金フィオリーノのうち、一〇〇九金フィオリーノが嫁資基金からの償還金にもとづくものであった。

このように、中北部イタリアでは、さまざまな公債制度が市民意識とかかわりながら、各地でそれぞれの展開を示していたのであった。

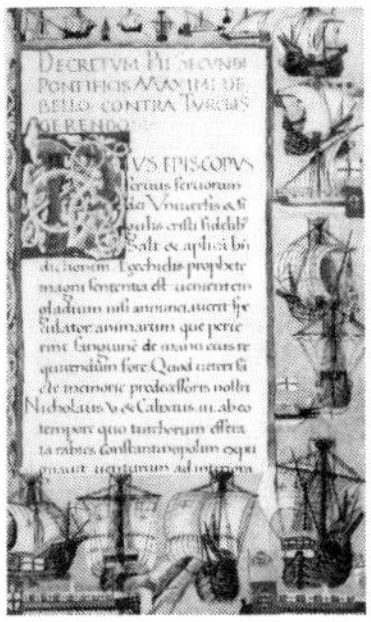

十五世紀中葉、教皇ピウス二世が提唱した対トルコ十字軍の教書　正規の十字軍として数えられるもの以外にも十字軍的な運動は中世においておこなわれ、イタリアの港湾都市はその戦力となった。パリ国立図書館所蔵。

④—都市の向こうの中世イタリア都市民

イタリアの外のイタリア都市民の拠点

フィレンツェがルネサンス発祥の地となった背景として、毛織物業や金融業を中心とする商人たちの経済力が指摘される。中世中北部イタリア都市民の個性として忘れてはならないのは、この商人としての一面であろう。

そして商業にたずさわる関係上、中北部イタリア都市民の世界は、イタリア半島のなかに限られるわけではない。彼らは、ものや人の移動にかかわる人びととしての側面を有していた。そのさい彼らは数々の商業システムを利用する。彼らが用いた商業システムは、イタリア人の発明かどうかは断定できないが、当時の主たる利用者はイタリア人であるといいうるものであり、イタリア都市の商業文化の一翼を担っている。

イタリアの外のイタリア人の都市世界は、どこに見出すことができるであろうか。またイタリア都市出身の商人たちが広範囲に商業活動を展開する基盤となる各種商業技術・商業システムは、どのようなものであったであろうか。

東地中海と黒海

イタリア都市民のいるところ

　十字軍遠征の影響として、イタリア商人の東方貿易が活発になることはよく知られた事実である。それを可能にしたのは、十字軍国家がイタリア商人たちに与えた特権である。十字軍への支援の恩賞として、十字軍国家は、イタリア人の支援によって獲得した土地にかんして、その一部の支配権を与えたり、彼らが自らの商館、教会、邸宅を建設する許可を与えたり、現地における関税を優遇したり、彼らの裁判権を認めたりするという政策をとった。十字軍国家のように軍事支援の恩賞というかたちを離れても、現地の支配者がイタリア商人たちに特権を与えるという構図はその後も各地で踏襲される。その結果、イタリア商人の世界は大きく拡大し、十三世紀までには、フォンダコと呼ばれる彼らの商館が各地に建設されていた。例えば、一三二三年にアレクサンドリアを旅していたアイルランド人の巡礼者は、こう述べる。

「アレクサンドリアには、各キリスト教海上国家が自らのフォンダコとその領事を有していた。フォンダコとはいくつかの国家もしくは地域の商人のために建てられた建物であり、ジェノヴァ人、ヴェネツィア人、マルセイユ人、そしてカタルーニャ人のそれがあった。」

　このように大きな商業都市には、イタリアのみならず、各国の商業民も商館をかまえていた。彼らは、現地での祝祭行列のさい都市ごとに催しものに参加するなど、現地の社会にも集団としてその存在感を示していた。

　都市ごとの商館とは別に、個別商人の拠点としてあらわれるのが、商社の支店である。これが顕著にわかるのは、大規模な商社をつくる伝統があったフィレンツェであろう。十三世紀の後半、フリードリヒ二世▲の死後展開するシチリアの混乱のなか、教皇庁がシチリアの支配者として指名したシャルル・ダンジュー▲をフィレンツェが支援した関係から、フィレンツェと教皇庁の親密さはます。教皇の徴税人となったフィレンツェはその任務の過程で国王や領主に接近し、融資と引き換えに彼らから商業特権▲を獲得する。こうした成功や毛織物業の発展により経済基盤をかためたフィレンツェには、十四世紀前半、バルディ、ペルッツィ▲といった大商社があらわれる。こうした商社はロンドン、パリ、フランドル、南仏、イベリア半島、マグリブ、キプロス、ロードス、コンスタンティノープルなどに支店をもっていた。のちに台頭するメディチ家も、こうし

▼フリードリヒ二世（一一九四〜一二五〇）　シュタウフェン朝の神聖ローマ皇帝（在位一二一五〜五〇）。シチリア王（在位一一九七〜一二五〇）。シチリア統治に力を注ぎ集権的官僚支配をめざす。またイェルサレム王国王位獲得やアイユーブ朝との協定などにより地中海での支配権の拡大に尽力した。

▼シャルル・ダンジュー（一二二六〜八五）　フランス王ルイ八世の子。シュタウフェン朝と対立する教皇勢力からシチリア王位を授与される。フリードリヒ二世死後のシチリア王位獲得競争をかちぬくが、圧政のためシチリアの晩鐘事件が起こり、シチリアを追われた。

▼フィレンツェの商業特権　教皇庁の徴税人としての活動は、フィレンツェに限らず、ルッカほか、トスカナなどの内陸都市商人に顕著に見られた。

▼バルディ、ペルッツィ　ともにそれぞれの家を基盤としたフィレンツェの大商社。一三四〇年代、イングランド王エドワード三世への貸し付けを回収できず倒産した。

たフィレンツェに典型的な大商社の形態をとり、巨万の富を築いたのである。

商業システムの深化

前述のように、十字軍の影響としてイタリア商人による東方貿易が活発になったといわれる。その状況はどういう史料からわかるのだろうか。年代記などの記述史料でわかる部分もあるが、東方向けの商業契約文書がそのおもな根拠である。

こうした記録が古く十二世紀半ばより大量に残存しているのがジェノヴァの公証人登記簿である。そのなかには、ソキエタスやコンメンダ▲といった商業投資の文書が多く含まれている。この二つのシステムは、投資家や行為者の出資比率や利益配分比率は異なるが、いずれもが、自国に残り投資のみをおこなう投資家と、自らが遠隔地へ出向き売買にたずさわる行為者とに分かれる。

ソキエタスの場合は、航海に赴く側も自己資金を準備する必要があるが、コンメンダの普及により、自己資金がなくても人からお金を徴収して海上投資に赴くことができるようになった。若者など、自己資金が少ない人びとにとって

▼ソキエタス、コンメンダ　両者とも投資の形態を指す。ヴェネツィア人も比率は異なるが、コッレガンツァと呼ばれる類似の投資システムを用いていた。

	ソキエタス		コンメンダ	
	出資比率	利益配分	出資比率	利益配分
本国に残る投資家	3分の2	2分の1	全額	4分の3
現地に赴く行為者	3分の1	2分の1	0	4分の1

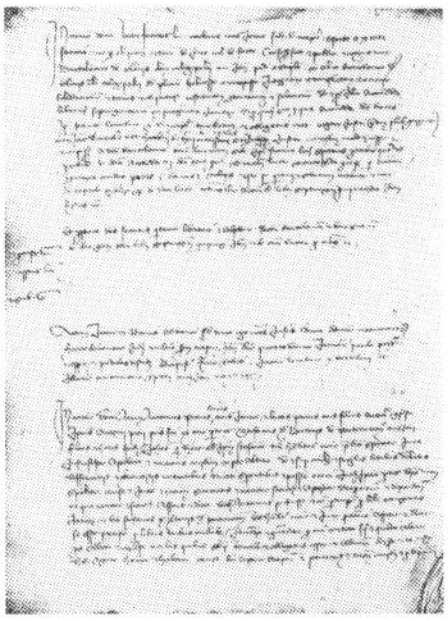

十五世紀のジェノヴァのコンメンダ関連文書　国立ジェノヴァ古文書館所蔵。

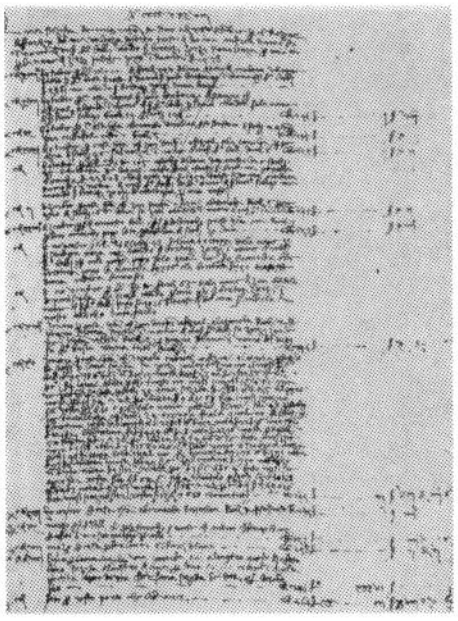

一四三八年のヴェネツィア商人アンドレア・バルバリーゴの会計簿
羊毛取引の記録。一四三八年。

のビジネスチャンスはふえ、海上投資活動は活発になっていったのである。その後、遍歴商業から定着商業に商業システムが転換し、現地にいる代理人の役割が商業活動では重要になっていくが、コンメンダも完全に廃れるわけではなく、十五世紀の契約文書のなかにもまだその契約形態は確認されるのである。

コンメンダのような委託契約システムの登場に続き、さらなる商業システム上の大転換は、遍歴商業から定着商業への移行である。

ソキエタスやコンメンダは、契約当事者が遠隔地へ移動することが前提となっており、遍歴商業の形態の一種である。それにたいし、十四世紀ころから、商業通信や送金システムが発達するなか、現地代理人に遠隔地での任務をまかせ、大商人は彼らに指令を出すという定着商業が普及してくる。商人の仕事が、商品の取引現場に赴き自ら商品を吟味することではなく、「椅子に座り指先にインクのしみをつけつつ帳簿をつける」ことになるのである。

記録と伝達

中世のイタリア都市と地中海世界は、商業技術革新の舞台でもある。現在にも用いられる複式簿記を基本とする会計簿のシステムについては、トスカナ、ジェノヴァ、ロンバルディア、ヴェネツィア、またこうした地域の同時発生説など、起源については諸説あるが、中世イタリア都市がこの分野の発展に寄与したことはまちがいない。

　商業帳簿は、さまざまな種類のものが中世から存在した。一三二二年から一三二五年にかけてフィレンツェで作成された毛織物の織元リヌッツォ・リヌッチの帳簿は、現存する元帳のほかにも、「仕訳日記帳」「仕入帳」「販売帳」「販売先帳」「織布工帳」「染色工帳」「剪毛工帳」「貸付帳」「現金出納帳」が存在したことが知られている。こうした帳簿を使いこなす技術をイタリア都市の商人たちは持ち合わせていたのである。数々の帳簿に見られる数々の勘定項目や貸借対照の書式は中世のイタリアをつうじて進展を見せ、「近代会計学の父」ルカ・パチョーリ▲の『簿記論』に集大成されることになる。

　十四世紀後半には、事業として郵便システムがイタリアを中心とする地中海世界に登場する。飛脚を臨時に借り切り緊急の郵便の需要に対応する専用便もあらわれる一方、規定のルートを往来する定期便担当の飛脚に委託する配達シ

▼ルカ・パチョーリ（一四四五頃〜一五一七）　イタリアの数学者。数学教師としてイタリア各地の大学で教鞭を執る。主著の『算術、幾何学、比と比例大全』は数学研究におおいに寄与したが、そのうちの一章は複式簿記にかんする初の刊行物であり、「近代会計学の父」との栄誉をえることになった。レオナルド・ダ・ヴィンチとの交流でも知られる。左はヤコポ・デ・バルバリによる肖像画。一四九五年頃。

商業郵便の日数　数字は所要日数。

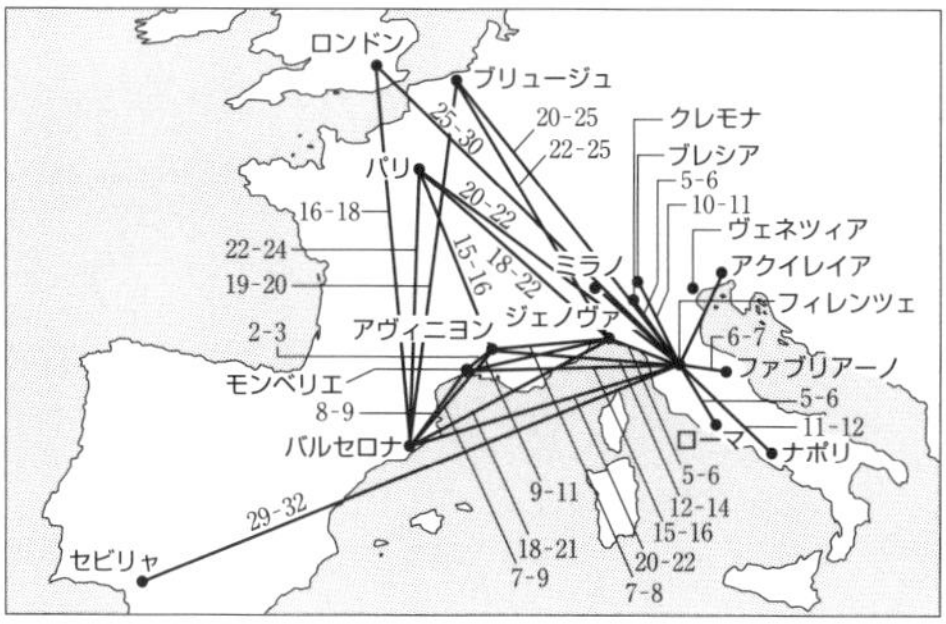

〔出典〕大黒俊二「為替手形の「発達」——為替のなかの「時間」をめぐって」『シリーズ　世界史への問い3　移動と交流』岩波書店、一九九〇年、一一九頁。

ステムも登場する。フィレンツェ—ヴェネツィア間のような需要の多いルートでは、週に数回の定期便が出発した。この時期には、各地点間はほぼ安定した日数で往来することが可能となっていた。例えば、フィレンツェ—ヴェネツィア間の商業郵便の所要日数は、もっとも多い頻度として五日、つぎに多い頻度として四日もしくは七日であった。

商人たちが商業郵便によって送った情報はどういうものであったのだろうか。商業書簡には、取引内容のみならず、商品・為替・貨幣・交通の状況、ひいては政治や社会の情勢まで書かれることがあった。商業書簡以外にも、為替手形、商品送り状、取引委任状、商品の明細書、用船契約書などさまざまな文書が郵便によって送られていた。

商業郵便の発展により、為替による金銭授受が可能になった。為替のやりとりにより利潤をえるのは、現代の市場でもさかんにおこなわれる取引である。すでに中世後期のイタリアでは、為替の満期が商業郵便の所要日数に設定されるなか、為替操作による利潤獲得が見られた。キリスト教における徴利禁止の原則の風潮があるなか、人びとは、為替による金銭の移動を用い、そこに利息

為替ともどし為替　f貨、v貨はそれぞれフィレンツェ、ヴェネツィアの通貨。

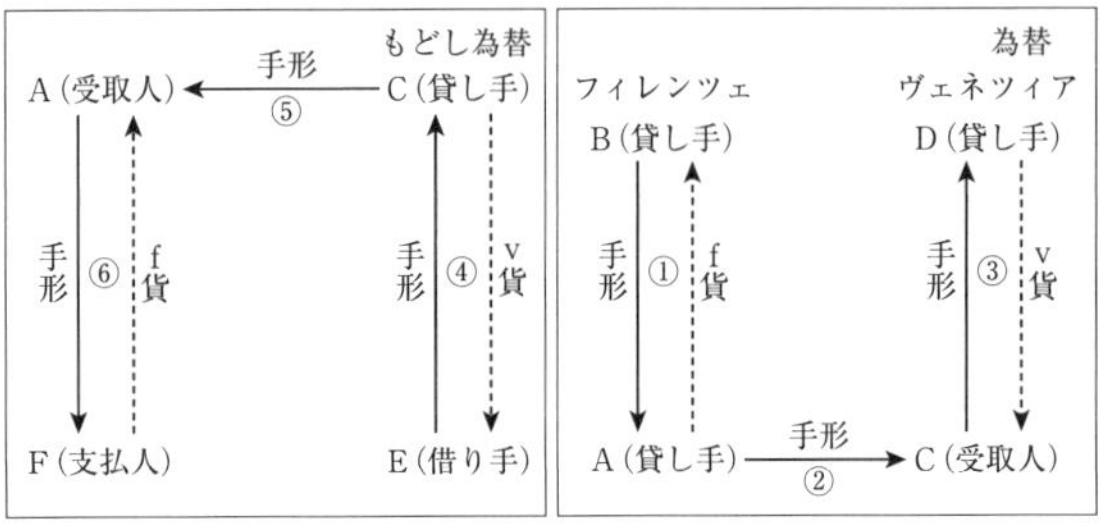

〔出典〕大黒俊二「為替手形の「発達」――為替のなかの「時間」をめぐって」『シリーズ　世界史への問い3　移動と交流』岩波書店、一九九〇年、一二五頁。

をしのび込ませていた。例えば、フィレンツェとヴェネツィアという通貨の異なる二カ所を設定し、フィレンツェにおいてその貨幣を貸与しそれにたいする手形を発行し、その手形をヴェネツィアに送付しヴェネツィアで手形を換金し現金化する。現金を受け取った側はそれを貸与して手形を受け取る。その手形をフィレンツェに送付してフィレンツェでその金額を現金化する。そのとき、現金化された額は、もともとフィレンツェにおいて貸し出された額よりもふえる。これが「為替ともどし為替」と呼ばれた為替の仕組みである。

商人の知識

こうした複雑な商業システムを使いこなす基盤を、商人たちはどうやって身につけたのであろうか。

当時の都市での初等教育は、私塾でおこなわれることが多かった。早い場合六歳ころから読み書きの勉強を始める。大きな板に書かれた文字を指して読み方を習い、教師の語る内容を口述筆記したりもした。十歳前後には算盤の学校にかよいはじめる。ここでは縦横に目が刻まれた板やテーブルの上におはじき

一三〇八年のフィレンツェのフィオリーノ金貨

▼フランチェスコ・ペゴロッティ　十四世紀前半に活躍したフィレンツェの商人。バルディ商会の社員として、アントウェルペン・ロンドン・キプロスなどで活動し、その経験を活かして『商業手引書』を執筆。

のような玉をおいて算盤として用いた。十二歳ころからは、実務の現場で見習いのかたちでの修行が始まる。そしてさまざまな経験をしながら、商人としての技量を身につけていくのである。

　商人たちが有する基本情報を考えるにあたって、商業手引書、もしくは商業実務書と呼ばれるテキストの存在も無視できない。イタリアを中心に、地中海地域には、商人たちが実務をこなすうえでの基本情報の書としてこうしたジャンルの書物が数多く作成された。その代表的著作ともいえるものが、一三四〇年頃、フィレンツェの経験豊富な商人フランチェスコ・ペゴロッティ▲が作成した『商業手引書』である。この本は、「序文」「市場案内」「商業知識」の三章に分かれている。「序文」では、基本用語の確認がおこなわれている。例えば、「市場」という語でも、スーク・バザール・メルカートなど、地域ごとに呼び名が異なるので、その用語の解説がなされるわけである。「市場案内」では、地中海・北西欧・黒海地域を含んだ五三の市場について解説されている。そこでは各市場で取引される商品、貨幣や度量衡についての解説、流通税や各種手続き、為替にかんする情報などが書かれている。そして「商業知識」の章では、

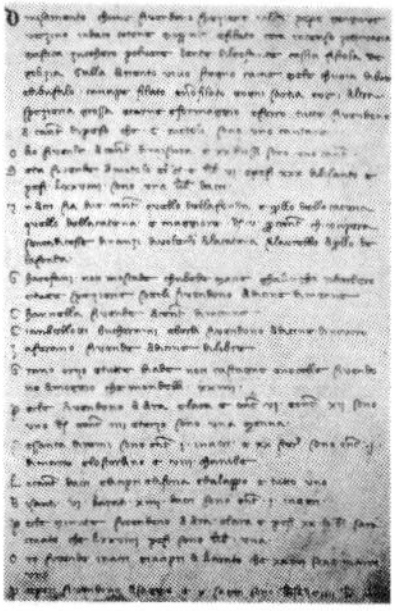

十四世紀末の『商業手引書』　慣習を手引きにしたもの。ペゴロッティの『商業手引書』を原型とするといわれている。ここでは商品ごとに各地での度量衡を説明している。

オリーブ油のような日常品から胡椒、象牙といった奢侈品まで四〇をこえる商品が取り上げられ、商品の特徴や保存法などについての説明がある。商業手引書は、商人たちが生きた仕事の現場の姿を如実に伝えてくれるのである。

拡大する都市と国家

中北部イタリアの大都市の個性は、各都市の商業のあり方にも連なる。フィレンツェは、さきに述べたカタストでの資産報告からもわかるように、さまざまな職業従事者が存在しつつも、金融業と毛織物業を経済活動の主軸とする都市であったといえる。トスカナという羊毛の産地に立地し、トスカナの各地を支配下にいれその領域を拡大している。ヨーロッパやアジアの各地で商取引をおこない、各地に滞在するものの、内陸都市であるがゆえに、フィレンツェ商人が港湾都市のような船を有して海に乗り出すという発想を示しはじめるのは、一四〇六年にアルノ川河口の都市ピサ、そして一四二一年にリヴォルノを支配領域に含んでからである。ピサには海事庁を設置し、リヴォルノからはヴェネツィアを模倣した国有ガレー商船を出帆させた。リヴォルノは今日イタリアで

十五世紀のヴェネツィアの国営造船所　ベルンハルト・フォン・ブライデンバッハ『聖地巡礼記』収録の版画。

も有数の港の一つであるが、ここが港町として本格的に整備されるのは、十六世紀後半のトスカナ大公国の時代を待たねばならない。

海港都市のなかでも、国家権力が脆弱なジェノヴァでは国営ガレー船の存在は見られないが、ヴェネツィアの商業でとくにその個性を反映しているといわれるのが、十四世紀前半より見られる国営ガレー船制度の存在であった。ヴェネツィア政府は、国営造船所で建造し艤装した大型ガレー船について、毎年航海ごとに運用権を競売にかけるかたちでヴェネツィア商人に貸与し、船団を組ませて、エーゲ海・黒海沿岸、アレキサンドリア、シリア、南仏、マグリブなどに向けてそれぞれ定期便を運航していたのである。商人が私有する船も存在したが、国営ガレー船は、国家が商業におおいに関与しようとしていたことのあらわれでもある。ヴェネツィアでは、例えば十四世紀にあらわれるサーヴィ・アッリ・オルディニという組織が海上商業や居留地行政にかんする問題をあつかったが、前述の国営ガレー船の運航規則を定めたのもこの組織である。

古くからの海港都市であるジェノヴァやヴェネツィアは、各地で活躍する商人としての姿を示すだけではなく、海外居留地をもつ都市国家としての様相を

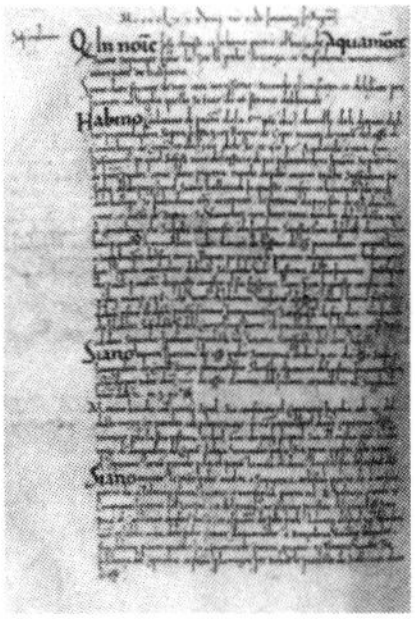

一四八八〜八九年の国営ガレー船入札の史料　エグモルトへの航海にかんするもの。

ビザンツ皇帝がジェノヴァに与えた外衣の一部　十三世紀後半帝国を再建したビザンツ皇帝ミカエル八世がジェノヴァとの同盟後に与えたもの。ジェノヴァ、ビアンコ宮所蔵。

示す。中世のジェノヴァ人は、十字軍国家、ビザンツ、ノルマン人支配のシチリアの君主たちから多くの特権を受けたり、マグリブやイベリア半島にも進出しながら地中海各地で活躍していた。そして十三世紀後半以降は、ジブラルタル海峡をこえての定期航行便を始め北西欧への海上進出にいち早く乗り出した。さらに第四回十字軍で成立したラテン帝国が崩壊し、ビザンツがコンスタンティノープルで皇帝位を再奪取すると、ジェノヴァはこの勢力と手を組み、ビザンツから特権をえて、黒海商業において最有力勢力となり、ペラやカッファを中心拠点とした。エーゲ海では、キオス島やレスボス島を勢力下におさめた。キプロス島のファマグスタも重要拠点である。もっとも長く領有した海外領土はコルシカ島である。

ヴェネツィアは、十一世紀末以来ビザンツなどから商業特権を有していたが、第四回十字軍後のラテン帝国の支配時期に海外居留地の獲得を本格化する。ラテン帝国との協約により、モレア半島、コルフ島、キクラデス諸島などを支配領域として手にいれ、十字軍指導者からクレタ島を買い取ったのである。十五世紀初頭、最大版図となったさいには、代表的居留地であるクレタのほか、ネグロポンテ、アルチペラーゴ公領▲、コロン、モドン、コルフを勢力下におき、十五世紀末にはキプロス島も領有する。

こうした海外領土を、ジェノヴァやヴェネツィアはどう支配していたのであろうか。ジェノヴァの場合、ザッカリア家▲によるキオス島支配やガッティルーシオ家▲によるレスボス島支配のように個別商人家系がビザンツから特権を有して展開した支配形態もあれば、十四世紀後半以降のキオス島のように、マオーナ▲と呼ばれる植民者集団による現地統治機構が経済面を担い、本国派遣の行政官が支配権を握るという共同支配のかたちもある。カッファやコルシカのように、サン・ジョルジョ銀行による統治機関もあるものの、司法や税の徴収などについて国家の行政官による統治が中心となって居留地行政がおこなわれた地域もある。国家の居留地行政関連組織として、ジェノヴァではロマニア局▲、その後できるガザリア局▲という名称の政府の部局が見られ、黒海・エーゲ海沿岸のジェノヴァ人居留地において、会計管理ほか居留地の行政にたずさわった。ジェノヴァでは、現地のジェノヴァ系植民者勢力にたいする本国の権限は、歴史を経るにつれ実質的には弱くなっていく。

▼アルチペラーゴ公領　十三世紀にドージェがマルコ・サヌードとその子孫に与えた封土。

▼ザッカリア家　ジェノヴァ商人の家系。十四世紀前半、キオス島の実質的支配者として君臨した。

▼ガッティルーシオ家　ジェノヴァ商人の家系。ビザンツからの封土のかたちで、十四世紀半ばから十五世紀半ばまで、レスボス島を支配。

▼マオーナ　ジェノヴァ史に現れる、海外での植民権を有した人びとによる現地の統治機構。

▼ロマニア局　ジェノヴァ本国政府における黒海沿岸拠点統治部局。ロマニアとは、黒海・エーゲ海沿岸部を示す語で、この地の理念的支配者としてのビザンツがローマを自称したことに由来する。

▼ガザリア局　ロマニア局のあとにできたジェノヴァ本国政府における黒海沿岸拠点統治部局。ガザリアとはクリミア半島地域を指す語。

▼**総督**　コンスタンティノープルやネグロポンテではバイロ、モドンやコロンではカステッラーノ、クレタではデューカと呼ばれるなど、総督の名称はさまざまである。オスマン帝国にもこうした制度は引き継がれた。

クレタのカンディア（現イラクリオン）**に残るヴェネツィア人建造の城塞**

ヴェネツィアの居留地行政は、個別家系による支配地もあるが、国家の意向を強く反映した点が特色といえる。ロマニアにおいて、ヴェネツィアは本国の代表議会で選出した総督▲を、コンスタンティノープル、ネグロポンテ、モドン、コロンなどの居留地に派遣した。現地のヴェネツィア人は大評議会や元老院を結成するが、本国から派遣された総督を中心になされる総督府の権限は強く、総督府は現地の要職就任者を指名する権限も有していた。十四世紀後半には、要地クレタにヴェネツィア本国が巡察制も導入したことに象徴されるように、ヴェネツィアは、居留地世界にたいして統制下におくべく不断の努力をはらった。

海外領土といえる居留地であれ、拠点にすぎない居留地であれ、裁判の問題は、居留地行政官の重要な任務の一つである。マムルーク朝では、居留民社会では属人主義の原則が適用されており、この地のヴェネツィア人は、居留地内での裁判においては、居留民の代表であるヴェネツィア人領事による裁判がおこなわれた。チュニスのジェノヴァ人居留地でも、領事は裁判権を有した。居留地民と現地民との紛争の場合はどうなるのであろうか。ジェノヴァ人が十四

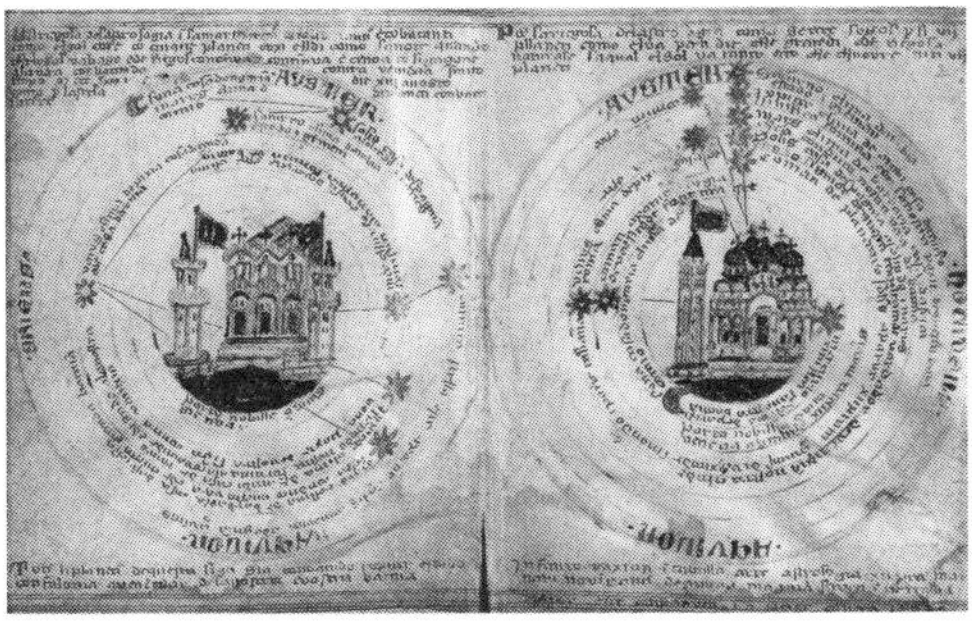

▼マスティック　乳香の一種。キオス島の特産品。

航海図のなかのジェノヴァとヴェネツィア　十四世紀の地図製作者フランチェスコ・ピッツィガーニの図。ミラノ、アンブロジアーナ図書館所蔵。

世紀半ばにキオス島を征服したさい、キオスのギリシア人とジェノヴァ人との紛争時には双方から判事を立てて解決に取り組むことが規定されている。こうしたかたちはイタリア人が対外進出した多くの居留地で見られた。

ジェノヴァ人のキオス、ヴェネツィア人のクレタはそれぞれエーゲ海での代表的領土であるが、彼らはこうした地域で、農業支配をも試みた。キオスでは、島の特産品であるマスティック▲の生産や流通の統制を試み、ヴェネツィアは、穀物やワインの生産拡大を望み耕作地を拡大した。ジェノヴァやヴェネツィアの対外進出の基本的関心は商業拡大であるが、こうした海外領土の獲得は、それ以外の側面を彼らに経験させることになったのである。

多元的世界としてのイタリア中世都市

イタリア商人の海外進出は、イタリア都市にさまざまな外国人を呼ぶ契機にもなった。例えばクレタにおいては、当初ヴェネツィアは、ヴェネツィア人と現地人との婚姻を禁じるなど、両者の接触を減らす政策をとったが、ジェノヴァ人やヴェネツィア人の公証人が地中海各地で作成した契約文書には、婚姻や土地取引など、現地勢力とイタリア人との交流の痕跡は数多く見られる。そうした交流は本国にも波及する。ヴェネツィアではギリシア人の集住地区ができ、多数のギリシア人が長年にわたり存在しつづけていた。ヴェネツィアのギリシア人の例に限らず、イタリア中北部の大都市には、ギリシア人、アルメニア人、そのほかヨーロッパ各地の人びとが滞在していた。商取引関係でも、ヴェネツィアにはドイツ人商館やトルコ人商館が見られ、十五世紀段階の都市ジェノヴァのなかにも、イタリア諸都市の商館のほか、カタルーニャ人、カスティーリャ人、ドイツ人の商館があったことが知られている。また、イタリアの文化を求めてイタリア都市にやってくる文化人も中世後期には極めて顕著になる。本書で述べたように、イタリアの中世都市は、公平性と排斥の論理、そして自らの拡大のなかから生まれる開放性をも示しつつ、さまざまな要素をそのなかに含んでいる。現在にいたるまで、観光客を引きつけてやまないその姿は、イタリア中世都市のもつ多元的な展開の帰結であると、われわれはあらためて感じることができるのである。

制度から見るイタリア都市略年表

フィレンツェ

1115	トスカナ辺境女伯カノッサのマティルデ死亡。これにより名実ともに自治都市となる
1138	コンソリ制開始
1183	皇帝がコムーネを正式承認
1200	外国人ポデスタの登用開始
1250	最初のポポロ（平民）体制
1266	有力な同職組合を７つに再編
1282	プリオーリ制機関が登場
1293	「正義の規定」制定により反豪族立法制定。ポポロ支配確立
1328～29	役人の抽選制の導入などの改革
1406	ピサを征服
1433	アルビッツィ派がコジモ・デ・メディチを追放
1434	コジモ・デ・メディチのフィレンツェ帰還。メディチ家が支配層の頂点に

ヴェネツィア

1082	ビザンツより金印勅書。広範な商業特権を獲得し事実上の独立
1172	大評議会がドージェの指名権獲得
1204	第４回十字軍の結果を受け旧ビザンツ領より多くの領土獲得
1210	クレタ島の領有権獲得。翌年より植民開始
1297	大評議会構成員の閉鎖を開始
1310	十人委員会設置

ジェノヴァ

958	イタリア王より国王証書
1099	コンソリ制開始
1162	皇帝より特許状獲得。コムーネ容認
1190	ポデスタ制導入
1258	ポポロ政権登場
1261	ビザンツ帝国復活により黒海における商業特権獲得
1339	ポポロによるドージェ制開始
1396	フランスに臣従礼。以後頻繁に，フランスやミラノの支配下に
1408	サン・ジョルジョ銀行の公的活動開始

そのほかの都市

1081～85	ピサで住民集会，コンソレ初出
1097	ミラノで封臣出身のコンソレ初出
1240	フェラーラでエステ家がシニョリーア体制
1287	シエナでノーヴェ体制登場
1311	ミラノでヴィスコンティ家がシニョーレの称号
1433	マントヴァで14世紀前半からの実質的支配者ゴンザーガ家が侯位獲得

参考文献

L・B・アルベルティ（池上俊一・徳橋曜訳）『家族論』講談社　二〇一〇年
P・アントネッティ（中島昭和・渡部容子訳）『フィレンツェ史』白水社　一九八六年
大黒俊二『嘘と貪欲――西欧中世の商業・商人観』名古屋大学出版会　二〇〇六年
I・オリーゴ（篠田綾子訳）『プラートの商人――中世イタリアの日常生活』白水社　一九九七年
小倉欣一編『近世ヨーロッパの東と西――共和政の理念と現実』山川出版社　二〇〇四年
片岡泰彦『イタリア簿記史論』森山書店　一九八八年
亀長洋子「中世後期フィレンツェの寡婦像」『イタリア学会誌』四二号　一九九二年
亀長洋子『中世ジェノヴァ商人の「家」――アルベルゴ・都市・商業活動』刀水書房　二〇〇一年
北原敦編『イタリア史』（新版世界各国史15）山川出版社　二〇〇八年
齊藤寛海『中世後期イタリアの商業と都市』知泉書館　二〇〇二年
齊藤寛海他編『イタリア都市社会史入門――十二世紀から十六世紀まで』昭和堂　二〇〇八年
佐藤眞典『中世イタリア都市国家成立史研究』ミネルヴァ書房　二〇〇一年
柴田三千雄他編『移動と交流』（シリーズ世界史への問い3）岩波書店　一九九〇年
清水廣一郎『イタリア中世都市国家研究』岩波書店　一九七五年
清水廣一郎『中世イタリア商人の世界――ルネサンス前夜の年代記』平凡社　一九八二年

清水廣一郎『イタリア中世の都市社会』岩波書店　一九九〇年
清水廣一郎『中世イタリアの都市と商人』洋泉社　一九八九年
陣内秀信『イタリア海洋都市の精神』（興亡の世界史8）講談社　二〇〇八年
鈴木徳郎「ガレー商船制度の放棄と一五一四年法」『イタリア学会誌』四三号　一九九三年
A・ゾルジ（金原由紀子他訳）『ヴェネツィア歴史図鑑』東洋書林　二〇〇五年
高田京比子「都市国家ヴェネツィアにおける貴族の親族集団」『史林』七五－二　一九九二年
高田京比子「中世イタリアにおける支配層の家と都市農村関係」『史林』七八－三　一九九五年
高田京比子「サン・マルコ財務官と中世ヴェネツィア都市民」『史林』八四－五　二〇〇一年
高田良太「中世後期クレタにおける教会とコミュニティ」『史林』八九－二　二〇〇六年
永井三明『ヴェネツィア貴族の世界――社会と意識』刀水書房　一九九四年
高橋友子「中世後期フィレンツェにおけるヴェンデッタ」『西洋史学』一五三号　一九八九年
高橋友子「十四〜十五世紀イタリア諸都市における反ソドミー政策」『立命館文學』五五八号　一九九九年
高橋友子『路地裏のルネサンス――花の都のしたたかな庶民たち』中央公論新社　二〇〇四年
徳橋曜編『環境と景観の社会史』文化書房博文社　二〇〇四年
中谷惣「中世イタリアのコムーネと司法――紛争解決と公的秩序」『史林』八九－三　二〇〇六年
二宮宏之編『結びあうかたち――ソシアビリテ論の射程』山川出版社　一九九五年
G・A・ブラッカー（森田義之・松本典昭訳）『ルネサンス都市フィレンツェ』岩波書店　二〇一一年

野口昌夫『イタリア都市の諸相――都市は歴史を語る』刀水書房　二〇〇八年
G・プロカッチ（斎藤泰弘・豊下楢彦訳）『イタリア人民の歴史』1　未来社　一九八四年
J・Ch・ベック（仙北谷茅戸訳）『ヴェネツィア史』白水社　二〇〇〇年
堀井優「イスラーム国家領域内のヨーロッパ人居留民社会」『歴史学研究』七一六号　一九九八年
W・H・マクニール（清水廣一郎訳）『ヴェネツィア』岩波書店　一九七九年
前川和也編著『家族・世帯・家門――工業化以前の世界から』ミネルヴァ書房　一九九三年
三森のぞみ「十四、十五世紀フィレンツェにおける司教選出とその法規定」『史學』六五号　一九九五年
三森のぞみ「支配する都市フィレンツェとドゥオーモ」『西洋史論叢』二九号　二〇〇七年
三森のぞみ「都市フィレンツェと聖人を巡る「記憶」」『日伊文化研究』四七号　二〇〇九年
山田雅彦編『伝統ヨーロッパとその周辺の市場の歴史』（市場と流通の社会史1）清文堂出版　二〇一〇年
山辺規子「中世中期イタリアにおける支配者層の諸相の比較研究」科学研究費補助金研究成果報告書　二〇〇一年
歴史学研究会編『地中海世界史』全5巻　青木書店　一九九九～二〇〇三年
歴史学研究会編『シリーズ港町の世界史』全3巻　青木書店　二〇〇五～〇六年
R・S・ロペス（宮松浩憲訳）『中世の商業革命――ヨーロッパ九五〇～一三五〇』法政大学出版局　二〇〇七年
S. A. Epstein, *Genoa & the Genoese, 958-1528*, Chapel Hill, 1996.
D. Herlihy and Ch. Klapisch-Zuber, *Tuscans and their families: a study of the Florentine catasto of 1427*, New Haven, 1985.
F. C. Lane, *Venice, a maritime republic*, Baltimore, 1973.

図版出典一覧

Arhivio di Stato di Genova, *Ianuenses/Genovesi: Uomini diversi, nel mondo spersi*, Genova, 2010. *11*下右

C. F. Black and others, *Cultural Atlas of the Renaissance*, Oxfordshire, 1993. *20, 37, 76*

M. Bragadin, *Storia delle Repubbliche marinare*, Milano, 1974, ristampa, Bologna, 2010. *9, 33, 34, 44, 45, 47, 49*右, *49*左, *50, 54*

P. Campodonico, *Navi e marinai genovesi nell'età di Cristoforo Colombo*, Genova, 1991. *71*

R. Dellepiane, *Mura e fortificazioni di Genova*, Genova, 1984, ristampa 2008. *24, 48*

E. Green, *Banking: an Illustrated history*, Oxford, 1989. *55*

F. Melis, *Documenti per la storia economica dei secoli XIII-XVI*, Firenze, 1972. *75*左, *80*

G. Petti Balbi, *Genova medievale vista dai contemporanei*, Genova, 2008. *62*

Touring Club Italiano, *Toscana*, Milano, 2010. *14, 15, 18*

F. Toso, *La letteratura in genovese: Ottocento anni di storia, arte, cultura e lingua in Liguria, vol. 1, Il Medio Evo*, Genova, 1999. *11*上右, *11*上左, *11*下左, *46*, *59*左, *82*左

G. N. Zazzu, *Andrea Doria nell'età d'oro di Genova*, Genova, 1996. *16*右

A. Zorgi, *Una città una Repubblica un Impero: Venezia 697-1797*, Milano, 1999. *27, 28, 66*左, *67, 81, 82*右, *84, 85*

徳橋曜提供 *29*

著者提供 *53*下, *64, 66*右, *75*右

著者撮影 *16*左, *21, 31, 40, 42, 53*上, *59*右

ユニフォトプレス提供 カバー表, カバー裏, 扉, *79*

世界史リブレット 106

イタリアの中《ちゅう》世《せい》都《と》市《し》

2011年10月30日　1版1刷発行
2024年8月31日　1版5刷発行

著者：亀長洋子《かめながようこ》

発行者：野澤武史

装幀者：菊地信義

発行所：株式会社 山川出版社

〒101-0047　東京都千代田区内神田1-13-13
電話　03-3293-8131(営業)　8134(編集)
https://www.yamakawa.co.jp/

印刷所：信毎書籍印刷株式会社

製本所：株式会社 ブロケード

ISBN978-4-634-34944-5
造本には十分注意しておりますが, 万一,
落丁本・乱丁本などがございましたら, 小社営業部宛にお送りください。
送料小社負担にてお取り替えいたします。
定価はカバーに表示してあります。

世界史リブレット　第Ⅲ期［全36巻］

〈白ヌキ数字は既刊〉

93 古代エジプト文明 ——— 近藤二郎
94 東地中海世界のなかの古代ギリシア ——— 岡田泰介
95 中国王朝の起源を探る ——— 竹内康浩
96 中国道教の展開 ——— 横手　裕
97 唐代の国際関係 ——— 石見清裕
98 遊牧国家の誕生 ——— 林　俊雄
99 モンゴル帝国の覇権と朝鮮半島 ——— 森平雅彦
100 ムハンマド時代のアラブ社会 ——— 後藤　明
101 イスラーム史のなかの奴隷 ——— 清水和裕
102 イスラーム社会の知の伝達 ——— 湯川　武
103 スワヒリ都市の盛衰 ——— 富永智津子
104 ビザンツの国家と社会 ——— 根津由喜夫
105 中世のジェントリと社会 ——— 新井由紀夫
106 イタリアの中世都市 ——— 亀長洋子
107 十字軍と地中海世界 ——— 太田敬子
108 徽州商人と明清中国 ——— 中島楽章
109 イエズス会と中国知識人 ——— 岡本さえ
110 朝鮮王朝の国家と財政 ——— 六反田豊
111 ムガル帝国時代のインド社会 ——— 小名康之
112 オスマン帝国治下のアラブ社会 ——— 長谷部史彦
113 バルト海帝国 ——— 古谷大輔
114 近世ヨーロッパ ——— 近藤和彦
115 ピューリタン革命と複合国家 ——— 岩井　淳
116 産業革命 ——— 長谷川貴彦
117 ヨーロッパの家族史 ——— 姫岡とし子
118 国境地域からみるヨーロッパ史 ——— 西山暁義
119 近代都市とアソシエイション ——— 小関　隆
120 ロシア農奴解放と近代化の試み ——— 吉田　浩
121 アフリカの植民地化と抵抗運動 ——— 岡倉登志
122 メキシコ革命 ——— 国本伊代
123 未完のフィリピン革命と植民地化 ——— 早瀬晋三
124 二十世紀中国の革命と農村 ——— 田原史起
125 ベトナム戦争に抗した人々 ——— 油井大三郎
126 イラク戦争と変貌する中東世界 ——— 保坂修司
127 グローバル・ヒストリー入門 ——— 水島　司
128 世界史における時間 ——— 佐藤正幸